教師と支援者が「教育虐待」を防ぐためにできること

# エデュケーショナル・マルトリートメントの理解と対応

編著
大西将史・廣澤愛子

中央法規

## はじめに

　エデュケーショナル・マルトリートメントは、教育の名のもとに行われる子どもの人権を著しく傷つける行為です。大人たちは子どもに期待し、「将来のため」と、学業やスポーツ、芸術活動などを子どもに強いるのですが、子どもの側からすると重荷になってしまい、時に心身のバランスを崩してしまうことにつながります。臨床心理士の武田信子先生によって提起されたこの新たな概念は、「教育虐待」とともに定期的に新聞やテレビで取り上げられ、今や社会問題として注目を集めています。

　「教育」という子どもにとって必要不可欠な内容であるため、それを強いていたとしても、保護者の監護権の範囲内であるとして、これまではその問題性を指摘すること自体が避けられてきました。加えて、受験や就職試験において厳しい競争を勝ち抜くためには必要なこととして正当化されてきた部分もあります。しかし、こども家庭庁が設立され、こども基本法も施行された今、子どもの権利を中心に据え、踏み込んだ議論と対策が求められています。

　筆者がエデュケーショナル・マルトリートメントについて知ったのは、2019年に福井県で開催された第122回日本小児精神神経学会のプレセミナーでした。小児科医の宮本信也先生に、子どもの幸せを願う大人のあたりまえの心理がかえって子どもを傷つけてしまうという現象を豊富な臨床事例をもとにお話しいただきました。その事例のなかで、両親から長年にわたって学業を強制されてきた青年が発した言葉は、「子ども時代を返せ」という両親を責めるものでした。その青年は両親の期待に応えて努力を重ね、高い学歴を獲得したものの、両親から言われるまま取り組み続けてきたために、肝心の「自分」を育てることができず、何をすればよいのかわからなくなっていました。このことは、現在の日本

の子育てや教育に通底する本質的な問題を示しているように思えました。また、筆者自身が教員養成や教育の現場にかかわるなかで感じていた子どもの状態とも一致していたことから、本書の元となる研究がスタートしました。

　保護者が子どもに期待して学業などをがんばらせることは、どこの家庭でも多かれ少なかれあることであり、子どもの意向と対立することは教育という営みに常に付随することです。したがって、これをマルトリートメントの枠組みで論じることは、子どもを大切に思う大人たちを虐待加害者として糾弾することになる危険性があるため、はばかられる思いはあります。しかし実際のところ、問題の根は複雑で、大人たちもまた、子育てや幸せについての暗黙の価値観や教育・経済システムなど、多様な要因から影響を受けており、エデュケーショナル・マルトリートメントをする人の責任を追及するだけでは問題は解決しません。むしろ、そうさせてしまう社会構造のあり方こそを問題にしていかなければなりません。武田先生はこのことを明確化するために、社会的マルトリートメントという概念を新たに提起し、さまざまな予防・啓発活動に取り組んでいます。

　子どもの教育をマルトリートメントの視点から論じるということは、大人や学校、国など、教育をする側の視点から論じられがちであった教育について、教育を受ける子どもの立場からとらえ直すという重要な意味があります。エデュケーショナル・マルトリートメントについて考えることは、大人が当然だと思い、よかれと思うことが、子どもにとってはどのような意味をもつのか、果たしてそれは本当に子どものためになっているのか、という極めて本質的な問いに向き合うことを意味します。そして、それを元に教育を組み直していくことが、子どもを中心に据えた社会をつくることにもつながっていくのです。

　このような大きな目標を掲げつつ、日々起こり得る問題に対応し、予

防するためには、子どもにかかわるさまざまな専門性をもつ大人が、子どもの置かれている状況を深く理解し、保護者も子どもも苦しい状況から抜け出せるように支援することが必要です。そのため本書は、子どもの教育にかかわる多様な専門職が日々の実践活動に活かすことのできる知見を提供することに重点を置きました。

　本書には3つの特徴があります。1つ目に、実際のデータに基づいた説明を試みました。本書で参照している知見は、政府統計や査読付きの学会誌などに掲載された大規模調査、筆者らの研究チームが実施した専門職やエデュケーショナル・マルトリートメントの当事者（かつてエデュケーショナル・マルトリートメントをした人およびエデュケーショナル・マルトリートメントを受けた人）へのインタビュー調査を分析した結果に基づいています。これにより、エデュケーショナル・マルトリートメントの背景にある個人・社会・文化等の多様な要因の相互関係を考慮して全体像を整理することができました。全体像の把握は、マルトリートメントの直接の行為者のみの責任を追及することを防ぎ、子どもも保護者も理解し、支援することに寄与します。

　2つ目に、多様な背景と専門性をもつメンバーによる協働的な研究活動によって得られた学際的な知見を提供しています。本書の執筆者は、心理学（臨床、発達、教育、障害）、教育学（学校教育、社会教育、幼児教育）、社会福祉学、小児保健学という学問領域と、研究者―実務家（学校教育・心理・福祉の現場実践）という専門性との多様な組み合わせを背景に有しています。読者の皆様にとって、自身の専門領域だけでなく、それ以外の領域の内容についても知る機会となり、現象の深い理解や異なる専門職間の連携につながれば、うれしく思います。

　3つ目に、心理・教育・福祉領域でそれぞれ実務経験のあるメンバーが実際にかかわった事例に基づいて作成した創作事例を通して、エデュケーショナル・マルトリートメントの理解と支援のポイントを解説して

います。従来の児童虐待と重なるような事例から、児童虐待という言葉のイメージとはかけ離れているけれども、子どもの人権が傷つけられているといわざるを得ない事例まで、幅広い事例を提示しています。これにより、読者の皆様の日々の実践に寄与できる書となることをめざすとともに、今まで気に留めていなかったかもしれない子どもの姿についても、エデュケーショナル・マルトリートメントという視点からとらえることで、問題の早期発見や未然防止に資するものと思われます。

　研究知見の蓄積が十分とはいえない状況での書籍化ではありますが、一向によくならない子どもを取り巻く社会状況を少しでも改善しなければなりません。そのために、本書を手に取ってくださった皆様が、それぞれの立場から子どもと保護者を支え、エデュケーショナル・マルトリートメントを予防できるような社会システムをともにつくっていく活動の仲間になってくださることを願っています。

2024年8月　　大西将史

# 目次

はじめに

## 第1章
## エデュケーショナル・マルトリートメントとは

1　エデュケーショナル・マルトリートメントの言葉の定義 … 002
2　エデュケーショナル・マルトリートメントの位置付け … 010

## 第2章
## 「マルトリートメント的」になっている教育環境

1　子どものメンタルヘルスの状態 … 020
2　子どもの遊びと睡眠時間 … 027
3　子育てに関する保護者の意識 … 032
4　競争的な教育環境の問題 … 037
5　障害のある子どもの教育環境 … 043

## 第3章
## 保護者によるエデュケーショナル・マルトリートメントの全体像

1　エデュケーショナル・マルトリートメントのリスク要因 … 052
2　子どもへの影響 … 067
3　エデュケーショナル・マルトリートメントの改善要因 … 071
4　エデュケーショナル・マルトリートメントを生む子ども・保護者・環境の特徴 … 075

# 第 4 章
## 事例で読む エデュケーショナル・マルトリートメントの実際

- 事例1　保健室に通う小学生 … 084
- 事例2　院内学級に通う小学生 … 094
- 事例3　市の教育相談機関に親子で通う中学生 … 103
- 事例4　夏休み明けから突然、学校を休み始めた中学生 … 114
- 事例5　学生相談室に通う大学生 … 125
- 事例6　後に知的な課題が明らかになった小学生 … 136
- 事例7　特別支援学校に通う高校生 … 147
- 事例8　在学中に発達障害の診断を受けた大学生 … 159

# 第 5 章
## エデュケーショナル・マルトリートメントを生まないための5つの視点

1. 子どもの権利を保障する … 172
2. 発達のしくみを理解する … 177
3. 子どもの個性を大切にする … 183
4. 大人がのびやかに生きられる社会をつくる … 189
5. 社会全体で子育てをする … 192

参考文献
あとがき
執筆者一覧

# 第1章
# エデュケーショナル・マルトリートメントとは

　この章では、本書のテーマである「エデュケーショナル・マルトリートメント」とはどのような概念であるのかをていねいに説明します。

　第1節では、近年、耳にすることが多くなってきた「マルトリートメント」と、従来から使われている「虐待」との共通点・相違点について、「児童虐待防止法」成立の背景に触れながら解説します。続いて、エデュケーショナル・マルトリートメントの定義を確認したうえで、その背景となる日本の社会・文化的特徴、本書におけるエデュケーショナル・マルトリートメントの用語について説明します。

　第2節では、エデュケーショナル・マルトリートメントの位置付けをさまざまな角度から説明します。具体的には、従来の児童虐待との関係を軸にした3つの考え方を提示し、「熱心な教育」との線引きやエデュケーショナル・マルトリートメントと判断する際の基準という、実務上とても重要なテーマについて、理論的な整理を試みます。

## 1 エデュケーショナル・マルトリートメントの言葉の定義

### 1．虐待とマルトリートメント

#### 日本における「児童虐待」の定義

近年、子どもが被害者になる虐待の報道が後を絶ちません。児童虐待は、くり返し、または習慣的に暴力を振るったり子どもの心を傷つけたりする行為など、子どもに対して行う不適切な行為全般を指します。このような「子どもに不適切な行いをすること（虐待）」に対して、「子どもに適切な対処を行わないこと」をネグレクトといいます。

海外では虐待の英語訳アビューズ（abuse）と合わせ、"アビューズ & ネグレクト"と表現されることが一般的です。一方、日本では、子どもに対する「虐待」という言葉は、2000年に制定された「児童虐待の防止等に関する法律」（以下、児童虐待防止法）において定義された「虐待」を指すことが一般的です。この法律の第2条に児童虐待の定義と説明が明記されています。

---

（児童虐待の定義）

第二条　この法律において、「児童虐待」とは、保護者（親権を行う者、未成年後見人その他の者で、児童を現に監護するものをいう。以下同じ。）がその監護する児童（十八歳に満たない者をいう。以下同じ。）について行う次に掲げる行為をいう。

一　児童の身体に外傷が生じ、又は生じるおそれのある暴行を加えること。

二　児童にわいせつな行為をすること又は児童をしてわいせつな行為をさせること。

三　児童の心身の正常な発達を妨げるような著しい減食又は長時間の放置、保護

> 者以外の同居人による前二号又は次号に掲げる行為と同様の行為の放置その他の保護者としての監護を著しく怠ること。
> 四　児童に対する著しい暴言又は著しく拒絶的な対応、児童が同居する家庭における配偶者に対する暴力（配偶者（婚姻の届出をしていないが、事実上婚姻関係と同様の事情にある者を含む。）の身体に対する不法な攻撃であって生命又は身体に危害を及ぼすもの及びこれに準ずる心身に有害な影響を及ぼす言動をいう。）その他の児童に著しい心理的外傷を与える言動を行うこと。

児童虐待防止法に明記されているとおり、日本で「児童虐待」と表現した場合は、保護者（または同居人）による、自身が監護する18歳未満の子どもに対する行為を指します。また、一号から四号に規定された身体的虐待、性的虐待、ネグレクト、心理的虐待を児童虐待の4類型と表現することもあります。

このように日本では、虐待の一類型としてネグレクトが規定されている点に特徴があります。また、日本で虐待という言葉を用いる時は、児童虐待防止法に規定されている意味で用いることが多く、「子殺し」に近い残虐な状態や行為を指すと考えられてきました[1]。

## 「児童虐待防止法」の背景

2000年に日本で児童虐待防止法が制定された背景には、子どもの権利に対する世界的な関心の高まりがありました。1960年代以降、子どもが被害を受けたり、子どもの権利が侵害されたりする事案が多く見られるようになり、1970年代以降に子どもの権利概念が広く社会に認識されるようになりました。そして、1989年には国連総会で「児童の権利に関する条約」（子どもの権利条約）が採択され、児童虐待に対する国際的な取り組みが強化されました。日本はこの条約を1994年に批准

---

1) 古荘純一・磯崎祐介『教育虐待・教育ネグレクト―日本の教育システムと親が抱える問題』p24、光文社、2015年

しています。この条約によって、児童虐待やネグレクトがはじめて明確に規定されました（第19条、政府訳）。また、この条約の基本的な考え方を表す4つの原則が示されています（表1-1）。

> 第19条
> 1 締約国は、児童が父母、法定保護者又は児童を監護する他の者による監護を受けている間において、あらゆる形態の身体的若しくは精神的な暴力、傷害若しくは虐待、放置若しくは怠慢な取扱い、不当な取扱い又は搾取（性的虐待を含む。）からその児童を保護するためすべての適当な立法上、行政上、社会上及び教育上の措置をとる。

**表1-1** 児童の権利に関する条約の4つの原則

| | |
|---|---|
| 差別の禁止<br>（差別のないこと） | すべての子どもは、子ども自身や親の人種や国籍、性、意見、障がい、経済状況などどんな理由でも差別されず、条約の定めるすべての権利が保障されます。 |
| 子どもの最善の利益<br>（子どもにとって最もよいこと） | 子どもに関することが決められ、行われる時は、「その子どもにとって最もよいことは何か」を第一に考えます。 |
| 生命、生存及び発達に対する権利<br>（命を守られ成長できること） | すべての子どもの命が守られ、もって生まれた能力を十分に伸ばして成長できるよう、医療、教育、生活への支援などを受けることが保障されます。 |
| 子どもの意見の尊重<br>（子どもが意味のある参加ができること） | 子どもは自分に関係のある事柄について自由に意見を表すことができ、おとなはその意見を子どもの発達に応じて十分に考慮します。 |

出典：公益財団法人日本ユニセフ協会

## マルトリートメントとは

　近年では、価値観の多様化に伴い、さまざまな親子関係のあり方がクローズアップされるようになりました。そのなかで、各種報道やSNS（ソーシャル・ネットワーキング・サービス）において「虐待」と表現するほど残虐ではないけれど、明らかに子どもに対する不適切な対応を行う親の行動がしばしば問題視されるようになりました。そのような子どもに対する親の不適切なかかわりをマルトリートメントと表現します。つまり、虐待やネグレクトのような悲惨な状況を内包した、常識的に考えて明らかにおかしいと思われる「子どもに対する親の不適切なかかわり」を意味します。

　また、日本における「虐待」という言葉は、児童虐待防止法に規定されている内容を指すことが一般的になっているため、その行為者は保護者（またはその「同居人」）に限定されて用いられることがほとんどですが、マルトリートメントの行為者は、子どもに関係するさまざまな人が想定されます。

## 虐待とマルトリートメント

　日本では「虐待」という言葉が非常に残虐な状態や行為を想起させがちであり、そこまで残虐な行為ではないけれど、子どもにとっては不適切な行為（マルトリートメント）に目を向けることを妨げてきたという問題がありました。この点について、小児科医の友田明美は「虐待」という言葉では、偏ったイメージが先行し、不適切な親子関係に関する問題が見過ごされてしまう可能性があること、広範な事例をカバーしきれないことから、マルトリートメントという言葉を用いることを推奨しています[2]。

　一方で、児童虐待防止法、児童福祉法、民法の改正が行われ、しつけや教育の一環であったとしても体罰のみならず、子どもの心身に悪影響

---

[2] 友田明美『子どもの脳を傷つける親たち』p29、NHK出版、2017年

を与える可能性のある行為はすべて虐待とみなされるようになりました。実際に、2023年には、香川県で中学生の息子を素手でなぐったとして母親が傷害容疑で逮捕されたほか、佐賀県で泊まりに来ていた孫に抱きついてキスをしようとした祖父が強制わいせつ未遂の疑いで逮捕されました。さらに2024年には北海道で、小学校低学年の息子にリモコンを投げたとして、児童相談所から児童虐待の通報を受けた警察が、父親を傷害容疑で逮捕したという報道がありました。

　このように現在では、虐待といっても以前のような「子殺し」に近い残虐な状況だけではなく、児童の心身の健全な発達に有害な影響を及ぼす可能性のある言動はすべて虐待とみなされるようになりました。つまり近年では、虐待とマルトリートメントには、程度という点においては大きな違いはなくなってきています。

## ２．エデュケーショナル・マルトリートメントの定義

### エデュケーショナル・マルトリートメントとは

　最近では、子どもを対象にした不適切なかかわりのなかでも、特に教育場面での不適切な関係がクローズアップされています。具体的には、子どもの将来に対して過度な期待を抱くあまり子どもを追いつめたり、できない子どもに対して体罰を加えたり、または体験格差やヤングケアラー問題など本来経験させるべき学習体験をさせないなどです。学術的な定義があるわけではありませんが、子どもの意思を顧みずに子どもにさまざまな強制をする親を表す「毒親」という言葉を聞く機会も多くなりました。

　このような教育場面における不適切な親子関係を、臨床心理士の武田信子はエデュケーショナル・マルトリートメントと表現し、「大人が子

どもに対して教育のつもりで行う、子どもの発達や健康にとって不適切な行為」と定義しています[3]。エデュケーショナル・マルトリートメントは「家庭教育、幼児教育・学校教育・放課後の教育など、子どもの教育全般に用いることのできる概念」[4]であり、保護者による行為だけでなく、社会全体の歪んだ教育観によってなされる、大人から子どもへの不適切な行為全般を指すものです。またエデュケーショナル・マルトリートメントをしてしまう大人の多くは、「子どもを育てるために役立つ行為だと信じているか、一時的にやむを得ないことだと考えているか、そうする以外に方法を知らない、あるいはないと思い込んで」[5]子どもにそのような行為を強いているという現状があります。

　エデュケーショナル・マルトリートメントは、エデュケーショナル・アビューズ（以下、教育虐待）とエデュケーショナル・ネグレクト（以下、教育ネグレクト）の2つを包括する概念です。教育虐待は、武田によると「親が教育という名目で行う子どもの受忍限度（心身が傷つきに耐えられる限界）を超える虐待」と定義されています[6]。子どもが生きていくうえで必要な知識や技能を獲得し、人間性などの力を養う「教育」という行為を通じて、子どもの心身のバランスや心理社会的発達を阻害するような扱いをすることであり、「教育を方法とする虐待」であるとしています[7]。「教育虐待」という概念は海外ではほとんど目にすることはなく、近年、日本において注目を集めている概念です。その点で、文化的・社会的視点からの検討が必要になってくるといえます。

　一方、教育ネグレクトは、国際的に用いられている学術用語であり、「子どもにとって必要な教育をしないこと、子どもに必要な教育を受け

---

3）武田信子「エデュケーショナル・マルトリートメントとは」『健康教室 2019年11月号』p94-97、2019年
4）武田信子『やりすぎ教育―商品化する子どもたち』p56-57、ポプラ社、2021年
5）文献4）に同じ、p57
6）文献4）に同じ、p58
7）武田信子「今、考えたい「教育による虐待」」『体と心 保健総合大百科 保健ニュース・心の健康ニュース縮刷活用版』p152、少年写真新聞社、2014年

させないこと」と定義され、ネグレクトの下位類型に位置付けられます。日本でも体験格差やヤングケアラーなどの問題は教育ネグレクトにかかわる問題といえます。

### エデュケーショナル・マルトリートメントの背景をふまえた理解

前述したように、エデュケーショナル・マルトリートメントのなかでも、「親が子どもに多くの習い事をさせる」「親が子どもの意向を無視して過度に高い期待を寄せ、親の意向に沿うような学習を強いる」という教育虐待は、海外で議論されることはほとんどありません。その背景にある日本の文化的・社会的特徴を確認しておきます。

戦後の高度経済成長期には、教育が経済的成功への鍵とされ、過度な受験競争が引き起こされました。よい学校への進学やよい職に就くことが、社会的地位や経済的成功の象徴とみなされ、子どもへの教育投資が重視されてきました。また近年は、核家族化、少子化が進み、一人ひとりの子どもへの期待値が高まってきたこともあります。このような日本の文化的・社会的背景が、海外では見られない教育虐待を引き起こす大きな要因であるといえます。

子どもに教育を強いる行為は、長い間、日本の文化に組み込まれてきたため、その行為の重大な侵襲性に気づくことが難しいという特徴があります。自分の行為が子どもにとってよいことと信じ、よかれと思って行っている親も少なくありません。社会のなかに暗黙的に形成されてきた価値観により、それが問題であるとの認識に至らないケースもめずらしくないのです。

そのためエデュケーショナル・マルトリートメントを考える際には、親や教師など子どもの教育にかかわる個人の問題として考えるだけでなく、社会の価値観を背景とした現象として、教育行政や子どもにかかわるメディア・企業などの教育産業など、子どもの生活に大きな影響を及

ぼす社会文化的環境を含めた社会全体で取り組む必要があります。エデュケーショナル・マルトリートメントを個人の問題として考えるのではなく、社会全体の問題としてとらえ直すことが、エデュケーショナル・マルトリートメントの理解と支援・予防には極めて重要になります。

### 本書におけるエデュケーショナル・マルトリートメントの用語

　本書は、武田によるエデュケーショナル・マルトリートメントの概念に依拠して展開していきます。その際に、エデュケーショナル・マルトリートメントの主要な行為者として保護者を、対象領域として学業領域を取り上げます。学業は子どもにとっての中心的活動であり、人生の方向性を決定付ける重要な役割を果たすからです。また大学全入時代といわれる昨今、少子化もあいまって小学校・中学校受験が大きな関心事になっており、それに伴い低年齢からの受験や教育産業も過熱しています。このような社会的状況のなか、子どもの学業は保護者にとっても関心が高く、重要な意味をもっているといえます。また、保護者による学習や習い事に関する子どもへの不適切なかかわりは、エデュケーショナル・マルトリートメントのなかでも多くを占めており、学業領域に焦点を当てることがエデュケーショナル・マルトリートメントを考えるうえで重要になると考えます。

　くり返しになりますが、エデュケーショナル・マルトリートメントは、「教育虐待」と「教育ネグレクト」の両方を含んだ概念です。特に本書では、日本で現在問題になっている「教育虐待」に着目して論じていきます。また日本では、先述したようにマルトリートメントと虐待に関してその程度の境界線は曖昧になっているため、本書においては、エデュケーショナル・マルトリートメントを「教育虐待」とほぼ同義で用いています（特に両者の概念を区別して論じる必要がある時は、分けて記載しています）。

# 2 エデュケーショナル・マルトリートメントの位置付け

## 1．児童虐待とエデュケーショナル・マルトリートメントの関係

　エデュケーショナル・マルトリートメントは、日本の文化的・社会的特徴を背景につくられた子どもの教育についての新たな概念であり、教育虐待と教育ネグレクトを含んだ概念です。では、児童虐待とエデュケーショナル・マルトリートメントの関係はどう考えればよいでしょうか。ここでは、従来の児童虐待の概念と比較したうえで、エデュケーショナル・マルトリートメントをどう位置付ければよいか、教育虐待、教育ネグレクトの2つの概念を中心に考えていきます。

　エデュケーショナル・マルトリートメントの位置付けとしては、図1-1に示す3つの考え方に整理できます。

　1つ目は、従来の児童虐待の4類型に当てはめ、教育ネグレクトと同様に教育虐待もそれぞれの虐待類型の下位類型に位置付けるという考え方です。現状の虐待類型はそれぞれが虐待の方法や行為において類型化されているのに対して、教育虐待は教育の場における親（大人）の意図をもった子どもとのかかわりによって規定されるものです。そのため、「教育という文脈における身体的虐待」「教育という文脈における心理的虐待」「教育という文脈における性的虐待」のように教育という文脈における不適切なかかわりととらえることができます。

　2つ目は、従来の虐待類型の5つ目の類型として位置付けるという考え方です。現状の4つの児童虐待と教育虐待は、結果として子どもの適切な生存や発達を阻害するという点においては共通といえます。しかし、現状の4つの児童虐待は、親の行動が「児童の権利に関する条約」

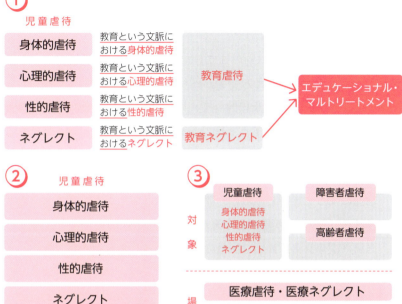

図1-1 児童虐待とエデュケーショナル・マルトリートメントの関係に関する3つの考え方

の掲げる4つの基本原則（表1-1参照）を侵害しているという点が挙げられます。一方で、教育虐待・教育ネグレクトととらえられる行動をしている親が、その行動の初期段階において必ずしも「子どもの最善の利益」を考慮していなかったとはいえません。また子どもの「生命、生存及び発達に対する権利」を無視しているとはいえない事例も多く、むしろ子どもの将来への期待が高すぎるあまり、または子どもへの教育に対して過度な思い入れがあるために、不適切な行動を選択してしまうという場合が多いように思います。つまり、子どもの利益を優先したり、子どもの生存や発達に関する権利を尊重したりしているにもかかわらず、

その目標のために子どもに対して行う行為の選択が不適切であり、結果として子どもに不利益をもたらしていると考えられます。そのため、他の児童虐待とは別の新たな虐待類型として教育虐待や教育ネグレクトを位置付けることも可能でしょう。

3つ目は、児童虐待とは別の独立した虐待概念として教育虐待・教育ネグレクトをとらえる考え方です。日本では子どもだけでなく社会的弱者を対象とした虐待の防止に関して、「高齢者虐待の防止、高齢者の養護者に対する支援等に関する法律（高齢者虐待防止法）」や「障害者虐待の防止、障害者の養護者に対する支援等に関する法律（障害者虐待防止法）」などが制定されています。また法律等で規定されてはいませんが、場面によって虐待とみなし、問題視しているものもあります。たとえば、医療虐待は、必要以上の医療行為や無用な治療を患者に施すこと、医療ネグレクトは適切な医療の提供を怠る行為などを指します。また、職場虐待という概念もあります。一般的には、パワーハラスメントという言葉のほうがなじみ深いかもしれません。職場における上司から部下への不当な要求や人格の否定、過剰な仕事の負担などは職場虐待であり、また不当な閑職への異動や長期にわたる自宅待機措置等、適切な職務に就かせないなどの事例は職場ネグレクトととらえることもできます。このような考え方と同様に、教育虐待・教育ネグレクトも児童虐待とは別の概念で、教育場面における不適切なかかわりととらえることも可能でしょう。

ここでは3つの考え方を紹介しましたが、どれが正解というわけではありません。別のとらえ方があるかもしれません。児童虐待とエデュケーショナル・マルトリートメントとの関係については、今後の活発な議論が望まれます。

## 2．「熱心な教育」とエデュケーショナル・マルトリートメントの線引き

### 「教育」の意味を考える

　エデュケーショナル・マルトリートメントとみなされる行為は、時に「熱心な教育」という言葉で置き換えることが可能なように思われます。教育熱心な保護者は、限られた自身の金銭や時間などを子どもに費やし、子どもの学習を促進させるのが一般的です。では、このような子どものための行為は、どこからが「不適切な行為」となるのでしょうか。

　ここで重要なのは、保護者は「教育のつもりで」やっているという点です。教育とは「他人に対して、意図的な働きかけを行うことによって、その人間を望ましい方向へと変化させること」とされます[8]。「意図的な働きかけ」を行い、その子どもを「望ましい方向へと変化」させることが教育であるならば、子どもの意思（思い）に反した方向付けが必要な時もあるでしょう。想定される「望ましい方向」が明確で、かつ困難な場合は、「意図的な働きかけ」が強引になることもあるかもしれません。その子どもへの働きかけが過度に強引になった場合、たとえば何時間も拘束したり、泣きながらでも勉強させたりするなどのかかわりは、明確に子どもの人権を侵害していると判断できます。そのような保護者の教育的な働きかけによって、子どもが「心身の健全な発達に有害な影響を及ぼす」ほどのストレスを感じている（またはそのような状況と判断できる）のであれば、エデュケーショナル・マルトリートメントと判断してもよいでしょう。

　その一方で、保護者の働きかけが「教育のつもり」である以上、常に子どもの要望や意見が聞き入れられるとは限りません。たとえ子どもが嫌だと思っても、保護者は子どもに義務教育を受けさせる義務がありま

---

8）松村明編『大辞林』p697、三省堂、2006年

すし、逆にそのような義務を果たしていない場合は、教育ネグレクトと判断される危険性もあります。これは学校教育の場面でも同様であるといえます。

### どの時点で不適切となるのか

　エデュケーショナル・マルトリートメントを考えるうえで最も難しいのは、どの時点で子どもの人権が侵害されたのか、または、どの時点から子どもが「心身の健全な発達に有害な影響を及ぼす」ほどのストレスを感じていたのかを見極めることではないでしょうか。ここが「熱心な教育」とエデュケーショナル・マルトリートメントの分岐点であり、その線引きは非常に難しい問題といえます。

　ここで、極端な事例を元に考えてみます。2018年に滋賀県の看護学生が母親を殺害して逮捕された事件がありました。この看護学生は幼少期より母親と二人暮らしで、母親から医師になってほしいという強い期待をもたれていました。小学生の頃は成績もよく、本人も医師を志していたようですが、中学生以降は成績が伸びず、高校生になると医師になりたいとは思わなくなっていたようです。それでも母親からの医学部進学への期待は苛烈を極め、非常に歪んだ親子関係へと変貌し、ついに心身に不調を来した後の犯行でした。この事件の背景から犯行に至るまでを丹念に描いた『母という呪縛 娘という牢獄』（講談社、2022年）に描写された母親と娘の関係はまさに「不適切な関係」と呼ぶしかない異様なものです。では、この事案における母親と娘の関係は、いつからエデュケーショナル・マルトリートメントの状態だったのでしょうか。

　親が子どもに「将来、〇〇になってほしい」という期待を抱くのは普通の感情だと思われます。また、母親の影響も想定されますが、小学生の間は本人も医師を志しており、そのような状況で、将来の医学部進学に向けて学習に励む（または学習の場を用意する）のは、不適切な行為

とはいえないでしょう。では、いつからエデュケーショナル・マルトリートメントの状態になったのでしょうか。子どもが「母親の期待を苦しく感じるようになった」時期なのでしょうか。しかし、子どもにとって親の期待は、いつでも大抵は苦しいものです。

　さらにいくつかのケースを考えてみましょう。たとえば、偏差値の高い学校への入学を期待して、週7日、塾や家庭教師の予定を入れていたらどうでしょうか。または自分の家業（医師）を継いでもらいたくて、子どもの意思を無視して医学部進学を強要していたらどうでしょうか。これらの行為は、いずれも「教育熱心な親」といえるでしょう。では、これらの行為は不適切な行為と判断されるでしょうか。虐待の判断のように「心身の健全な発達に有害な影響を及ぼす」行為であれば、当然エデュケーショナル・マルトリートメントと判断できます。しかし、確かにその時には子どもはストレスに感じているかもしれませんが、受験が終わったら、または将来大人になった際にその経験がその子どもの人生にとってのかけがえのない糧になっている可能性もあります。親の言いなりで就いた職が天職になっているかもしれません。いつからエデュケーショナル・マルトリートメントなのかを見極めることが難しいのが、この問題の特徴といえます。

## どのような子どもにとって不適切なのか

　さらに、保護者の行為がエデュケーショナル・マルトリートメントであるかどうかは子どもの特性によっても変わってきます。同じ量の習い事でも、勉強が好きな子どもとそうでない子どもでは、受忍限度も感じる心理的ストレスの度合いも異なるからです。従前の児童虐待のように、子どもに対して「○○（ある行為）をしたら虐待」というように単純には判断できないのです。

　勉強が苦手で、ずっと遊んでいたいという子どもに対して、勉強が得

意になるようにと、週7日の塾通いをさせたらどうでしょうか。子ども
は当初はしぶしぶ受け入れて取り組むかもしれませんが、それが長く続
けば強い苦痛や心理的ストレスで病気になってしまうかもしれません。
このような場合は「不適切な行為」と判断することになるでしょう。一
方で、同じ週7日の塾通いでも、勉強が得意でそれがとても楽しいとい
う子どもであったら、その受け止め方はまったく異なるでしょう。その
子どもが毎日楽しく塾に通い、勉強しているのであれば、それを「不適
切な行為」と判断することはできません。子どもの特性によって、保護
者の行為の効果が異なることを考慮する必要があるのです。

### エデュケーショナル・マルトリートメントを判断する基準

　これまで見てきた保護者と子どもとのかかわりの態様を図1-2に示し
ました。保護者と子どもの教育的なかかわりは、子どもの将来への期待
や子どもの活動（学習）支援から始まるものが多いでしょう。このよう
な一般的な教育的かかわりから、保護者の期待が大きくなったり、活動
への支援が子どもへの圧力になったりするにつれて、「教育熱心」とい
われるようになるのではないでしょうか。そして、保護者の期待や活動
の強制が子どもの受忍限度を超えてしまうほど強大になってくるに従
い、かかわりはエデュケーショナル・マルトリートメントになっていき、
それが行き過ぎると、「子どもの人格・存在の否定」や「子どもの支配」
といった子どもの人権を侵害した状態へと変容していきます。

　ここで大切なのは、点線で囲まれている部分、つまりどこからがエ
デュケーショナル・マルトリートメントなのかという点です。保護者の
行動をエデュケーショナル・マルトリートメントと判断するための基準
として、2つ考えられます。1つは、子どもが自分の意思で行動を選択
できなくなった時です。これは私たちの有する「自由意志」が行使でき
ない状態であり、極めて人権が侵害されている状態といえます。もちろ

### 図1-2 子どもとのかかわりの態様とエデュケーショナル・マルトリートメント

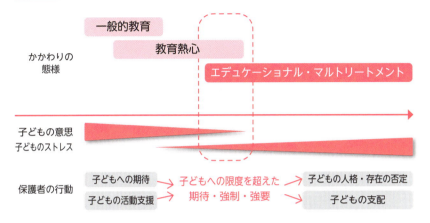

ん教育の文脈においては、子どもの安全確保や社会的規範の教示、道徳的・知的発達を促す場合に、一定程度、「自由意志」を制限することもあります。あくまでも教育の文脈を超えた「自由意志」の制限を行っていると、子ども自身（または保護者・大人）が感じた時にエデュケーショナル・マルトリートメントと判断されるのではないでしょうか。

　もう1つは、心身の健全な発達に有害な影響を及ぼすほどの過度なストレスを受けていると子どもが感じた時です。誰でも、嫌いな教科の宿題をしている時など、日常においても適度なストレスに直面しながら生活しています。それらのストレスを与える人に対して、すぐに「不適切な行為だ」と断じることはできません。しかし、エデュケーショナル・マルトリートメントの難しさは、心身の健全な発達に有害な影響を及ぼすほどのストレスを感じるような状態になってもなお、本人が自身の深刻な状態に気づいていない（医療機関の受診等、適切な対処ができていない）こと、周りの大人が適切な支援を提供できないことが多いという点だと思われます。加えて、明確な身体症状や心理的問題は、ずっと後

になってから（時には、大人になってから）現れてくることもあり、判断が難しいのです。

　ここでは、エデュケーショナル・マルトリートメントの極端な例を元に考えてみましたが、"どのような行為が"または"どこからが"エデュケーショナル・マルトリートメントなのかを判断するのは、とても難しい問題といえます。

# 第 2 章

# 「マルトリートメント的」に なっている教育環境

　この章では、日本の子どもたちを取り巻く環境が「マルトリートメント的」になっている状況について、主に統計資料に基づいて見ていきます。

　第1節では、メンタルヘルスや環境への適応という観点から、日本の子どもたちが健全とはいえない状態にあること、第2節では、子どもたちに不健全な状態をもたらしていると考えられる日常生活の実態に迫ります。第3節では、子育てに対する保護者の意識、第4節では、学校教育制度や習い事について取り上げます。さらに第5節では、エデュケーショナル・マルトリートメントが教育の担い手である大人（特に保護者や教師）と受け手である子どもの相互作用によって生じるものであることから個々の子どもの特徴に着目し、発達障害のある子どもの教育環境について解説します。

# 1 子どものメンタルヘルスの状態

## 1．自分を肯定的にとらえられない

　私たちにとって極めて身近で根源的な「自己」に対する評価的態度を、心理学では「自尊感情」または「自尊心」といいます。最近では教育現場を中心に「自己肯定感」という言葉が使われていますが、その意味するところは自尊感情と同じです。

　自尊感情についての研究[1]によると、自尊感情の程度は、大学生に比べて中高生が低く、成人と高齢者は高いという結果が示されています（図2-1）。つまり、中高生は他の年齢層よりも自分を否定的にとらえる傾向にあり、年齢が上がるにつれてより肯定的になっていくといえます。また、全年代とも、近年になるにつれて自尊感情の程度が低くなっています。さらに点数に着目すると、中高生の平均値は2000年頃から1〜5点で評価した場合にニュートラルな反応を意味する3点を下回っています。つまり、2000年頃から、中高生においては、自己を否定的にとらえる者が半数以上にのぼるようになり、現在に近づくにつれてその程度は大きくなっているといえます。

　中高生という年代は厳しい評価的まなざしを自身に向ける過酷な時期です。身体発達においては思春期真っ只中であり、受験や進路選択、部活動といった学生生活、友人関係や異性などの親密な他者との関係、親子関係といった周囲との関係性の変化もあって、一度に多くの、しかも多方面のライフイベントに対応することが求められます。そのため、ストレスフルで、他の年齢層よりも自己を否定的にとらえてしまうのかもしれません。

---

1) 小塩真司ほか「自尊感情平均値に及ぼす年齢と調査年の影響：Rosenbergの自尊感情尺度日本語版のメタ分析」『教育心理学研究』62、p273-282、2014年

**図2-1** 調査年、年齢層ごとの自尊感情の推定値および近似線

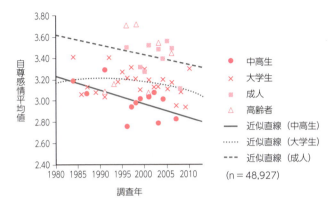

出典：小塩真司ほか「自尊感情平均値に及ぼす年齢と調査年の影響：Rosenbergの自尊感情尺度日本語版のメタ分析」『教育心理学研究』62、p278、2014年

## 2．増加し続ける暴力行為、いじめ、不登校

　次に、暴力行為、いじめ、不登校について、いずれも文部科学省が全国の小学校から高校（いじめのみ特別支援学校を含む）に通う児童生徒について継続調査を行っている統計[2]から見ていきます。

　まず暴力行為については、全学校段階を合わせると発生件数・発生率（1000人当たりの発生件数）ともに増加傾向にあり、2022年度は9万5426件（前年度から24.8％の増加）で過去最高値を更新しました。

　学校段階別に見ると（図2-2）、高校では発生件数・発生率ともに他の学校段階よりも低水準で推移しています。中学校では、発生件数は2017年度までは他の学校段階よりも高い水準でしたが、それ以降は小学校と逆転しています。発生率では、長期間高い値で増加傾向だったのが2009年度あたりから減少傾向に転じ、コロナ禍で休校やオンライン授業となった2020年度以降は、再び増加傾向にあります。小学校での

[2] 文部科学省「令和4年度　児童生徒の問題行動・不登校等生徒指導上の諸課題に関する調査結果について」2023年

発生件数は長期間低い水準でしたが、2006年度あたりから徐々に増加し、2013年度に高校を、2018年度に中学校を抜いて最も高い水準になっています。発生率でも同様の傾向が見られます。

つまり、ここ20年ほどは中学校において、複数回の暴力行為を行った生徒が多くいたことで発生件数を高めていましたが、発生件数・発生率ともに小学校が逆転している状況で、小学校において子どもの荒れが加速しているといえそうです。なお、どの学校段階でも児童生徒間の暴力が7割前後と多数を占めており、子ども同士のいざこざやいじめという形で暴力行為が発生している場合が多いといえます。

**図2-2** 暴力行為の発生件数および発生率の推移

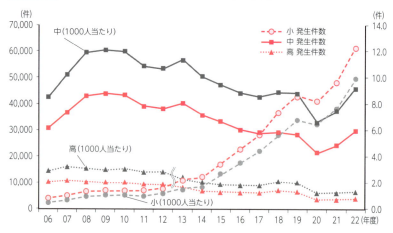

注）2013年度からは高校に通信制課程を含める

出典：文部科学省「令和4年度 児童生徒の問題行動・不登校等生徒指導上の諸課題に関する調査結果について」2023年より作成

いじめについては、2012年度頃から増加傾向にあり、2022年度には全学校段階を合わせた認知件数が68万1948件となり、過去最高値を更新しました。認知件数・認知率（1000人当たりの認知件数）ともに、小学校、中学校、高校の順で高く、高校では横ばいであるのに対して、

小学校と中学校においては、コロナ禍で休校やオンライン授業となった2020年度を除いて増加し続けています（図2-3）。小学校と他の学校段階との差は2012年度以降、大きくなっており、暴力行為と同様に、近年は小学校においていじめ問題がより顕著になっているといえます。

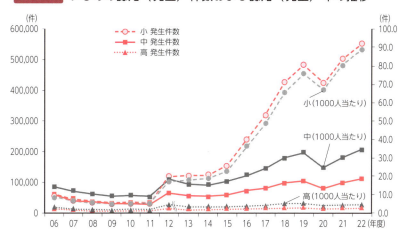

図2-3 いじめの認知（発生）件数および認知（発生）率の推移

注）2013年度からは高校に通信制課程を含める

出典：図2-2に同じ

不登校については、義務教育段階である小中学校においては2012年度以来増加傾向であり、2022年度は、小中学校を合わせて29万9048人と最高値を更新しました。学校段階別の不登校児童生徒数（図2-4）は、中学校が多く、小学校の約2倍となっています（中学校19万3936人、小学校10万5112人）。割合においては中学校が特に高く、小学校の3倍以上となっています（中学校6.0％、小学校1.7％）。高校においては、2020年度まで減少傾向であったのが近年は増加しており、2022年度は6万575名（2.0％）となっています。

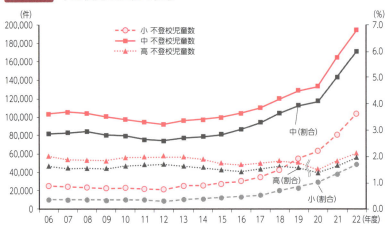

図2-4 不登校児童生徒の推移

注）2019年度調査までは、年度間に連続または断続して30日以上欠席した生徒について調査。2020年度調査以降は、「生徒指導要録」の「欠席日数」欄および「出席停止・忌引き等の日数」欄の合計の日数により、年度間に30日以上登校しなかった生徒について調査

出典：図2-2に同じ

　以上の暴力行為、いじめ、不登校の統計から、学校を居場所とすることができず、他者を攻撃したり学校自体から退避したりすることを余儀なくされている子どもが多数存在することがわかります。これらを引き起こす要因は極めて多様で、相互に重なり合っているといえますが、要因の1つとしてエデュケーショナル・マルトリートメントがあると考えられます。次章以降でくり返し紹介しますが、度重なるエデュケーショナル・マルトリートメントに抵抗する過程で、あるいはそれに耐えることができなくなった時、子どもたちは「暴力行為」「いじめ」「不登校」などの行動を起こすことがあります。つまり、これらの行動は子どもたちからのサインであると理解する必要があります。保護者や教師など、周囲の大人がこのサインに気づくことができればよいのですが、そうでない場合は、さらなる問題につながることもあり得ます。

## 3．高い自殺率

　厚生労働省の人口動態調査によると、15～19歳の死亡理由は、2012年度において、それまでの不慮の事故や悪性新生物を押さえて自殺が1位になり、2022年度においてはこの年齢層の死亡数の52.4％を占めています。より若年の10～14歳では、2020年度において自殺が1位となり、2022年度においては死亡率の28.2％を占めています。小中高生の自殺者数は1986年をピークに減少していましたが、1993年度頃から増加傾向に転じました。そして2020年度にはじめて500名を超え、2023年度には513名にのぼっています。全年齢層を含めた自殺者総数は年々減少傾向にあるなかで、小中高生の自殺者数は増加しているという状況は、とても健全な状態とはいえないでしょう。

　表2-1は、2009年度から2021年度における自殺の原因・動機の割合を分析した結果です。

　小学生では、「家庭問題」「学校問題」の順に高い割合です。中学生では、これが逆転し、「学校問題」「家庭問題」の順となっています。高校生では、性別による差はありますが、「学校問題」と「健康問題」の割合が高くなります。年齢が上がるとともに、「家庭問題」から「学校問題」、さらにうつ病など、自殺とより結び付きやすいメンタルヘルスの問題へと比重が変わってくるといえます。特に、小学生における「学校問題」の内容は友人関係の悩みであるのに対して、中学生以上では学業や進路にまつわる悩みに変わっていく点には注意が必要です。いじめや暴力行為といった友人関係における被害体験も見逃せませんが、それ以上に学業や進路の悩みは子どもにとって重荷になっています。これらが重要であるがゆえに、その不振や悩みはつらく、自殺という最悪の事態を招く危険性が高いといえます。

**表2-1** 学校の種別、男女別にみた自殺の原因・動機の割合

(2009〜2021年度)

| 原因・分類 | | 小学生 男子 (n=64) | 小学生 女子 (n=60) | 中学生 男子 (n=823) | 中学生 女子 (n=511) | 高校生 男子 (n=2076) | 高校生 女子 (n=1160) |
|---|---|---|---|---|---|---|---|
| 1位 | 大分類 | 家庭問題 (35.9%) | 家庭問題 (38.3%) | 学校問題 (31.0%) | 学校問題 (38.6%) | 学校問題 (35.6%) | 健康問題 (31.8%) |
| 1位 | 小分類 | ・家族からのしつけ・叱責 (25.0%) | ・家族からのしつけ・叱責 (20.0%)<br>・親子関係の不和 (18.3%) | ・学業不振 (10.8%)<br>・その他進路に関する悩み (6.1%) | ・その他学友との不和 (12.3%)<br>・学業不振 (9.2%) | ・学業不振 (13.0%)<br>・その他進路に関する悩み (11.9%) | ・うつ病 (13.6%)<br>・その他の精神疾患 (11.4%) |
| 2位 | 大分類 | 学校問題 (21.9%) | 学校問題 (21.7%) | 家庭問題 (19.8%) | 家庭問題 (26.0%) | 健康問題 (15.5%) | 学校問題 (27.9%) |
| 2位 | 小分類 | ・その他学友との不和 (7.8%) | ・その他学友との不和 (8.3%) | ・家族からのしつけ・叱責 (10.7%)<br>・親子関係の不和 (5.8%) | ・親子関係の不和 (14.9%)<br>・家族からのしつけ・叱責 (7.8%) | ・うつ病 (5.9%)<br>・その他の精神疾患 (4.8%) | ・その他進路に関する悩み (8.9%)<br>・学業不振 (6.0%) |

注) 不詳を除いた1位と2位を記載

出典:厚生労働省「令和4年版自殺対策白書」より作成

# 2 子どもの遊びと睡眠時間

## 1．子どもの遊びと自由時間の貧困化

　現代の日本は、子どもの声がうるさいという理由で保育所の設置が見合わせられたり、公園が閉鎖されたりする時代になっています。閉鎖とまではいかなくても、公園には多くのルールや規制が設けられ、常に大人の監視下に置かれているような状況もあり、子どもが子どもらしく、自由に遊べる環境であるとはいい切れないように思われます。

　小学生が放課後に過ごす場所の変化[3]を見てみると、いずれの回でも「自宅」が最も多く、また、「習い事、スポーツクラブ、学習塾等」は学年が上がるごとに上昇していることがわかります（図2-5）。その一方で、公園や空き地や路地、自然のなか（原っぱ、林、海岸など）での遊びはすべて減少しています。このように、子どもたちの生活は、屋内で過ごすことが中心となっているのです。これを裏付けるような調査結果がいくつかあります。4～21歳までの男女3206人を対象に「あなたは、今やっていることも含めて、何をやってもいい時間ができたとき、何をして過ごしたいですか」と質問したところ、男子では4歳児を除くすべての年齢で、女子では7～18歳の年齢で「ゲーム機、スマートフォン、タブレット、パソコンで遊ぶ」という回答が最も多いという結果になりました[4]。また、こども家庭庁の「青少年のインターネット使用環境実態調査」によると、平日のインターネットの利用平均時間は、小学生で3時間46分、中学生で4時間42分、高校生で6時間14分と1日24時間のうち、多くの時間をインターネット利用で費していることがわかります[5]。

[3] 厚生労働省「第9回 21世紀出生児縦断調査（平成22年出生児）の概要—子どもの生活の状況」2020年
[4] 笹川スポーツ財団『子ども・青少年のスポーツライフ・データ2019』p28-32、2019年

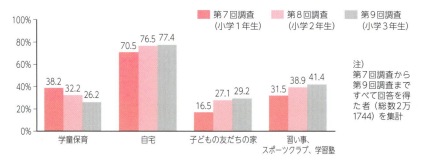

図2-5 放課後に過ごす場所の変化（複数回答：2010年出生児）

出典：厚生労働省「第9回 21世紀出生児縦断調査（平成22年出生児）の概要―子どもの生活の状況」2020年

　また、小学校高学年を対象とした別の調査[6]によると、「外で遊んでいる時間」は1981年では2時間11分であったのが、2016年には1時間12分と約半分となり、外で遊ばなくなった時間は、メールやSNS（ソーシャル・ネットワーキング・サービス）、タブレットやパソコンでゲームをして過ごしていることがうかがえます。SNS等の普及によって、子どもの遊びは、集団での外遊びやスポーツなどの五感と身体を総動員した創造的なものからYouTubeやビデオゲームなど、与えられたコンテンツを消費する個別的かつ静的で、視覚と指の活用に特化した遊びに変化し、大勢を占めるようになりました。外遊びの減少は、幼少期から習い事などに通う経済的余裕があることや、放課後も学童保育等の大人の監視下で安心・安全に過ごすことを望む保護者の意識も働いていると思われます。

　さらに、先の調査では、子どもの年齢が上がるにつれて、自由な時間に「寝る」を選択する子どもが増えていく状況も明らかになっています[7]。女子の場合は、月経前に眠くなってしまうことがあるとはいえ、子どもの睡眠は、子どもの自由な時間を使ってまで補わなければならないほど

5）こども家庭庁「令和5年度 青少年のインターネット使用環境実態調査」p47、2024年
6）シチズン「「子どもの時間感覚」35年の推移」2016年
7）文献4）に同じ

「やりたいこと」になっている現状を深刻に受け止める必要があります。遊びの内容や時間も含めて、子どもの生活自体が貧困化しているといえるのではないでしょうか。

## 2．子どもの睡眠不足とその影響

　厚生労働省は「健康づくりのための睡眠ガイド2023」[8]を公表し、小学生は9〜12時間、中高生は8〜10時間を参考に睡眠時間を確保すること、朝は太陽の光を浴びて、朝食をしっかり摂り、日中は運動をして、夜ふかしの習慣化を避けることを推奨しています。しかし、全国の小・中・高校生約7700人が参加した「子ども睡眠健診」プロジェクトの報告によると、平均睡眠時間は、小学1年生で8.6時間、中学1年生で7.5時間、高校1年生で6.6時間とすべての年代において睡眠不足であり、それは学校段階が上がるとより顕著になっています[9]。

　幼い子どもの睡眠習慣は、保護者の就労状況や養育態度に大きく依存しているので、共働き世帯の増加や夜型生活の浸透、親の価値観の変化などの影響を受けやすいといえます。また、保護者が子どもの睡眠に関する正確な知識を得ていない状況は日本に限らず、他の国でも同様に見られること、ほとんどの保護者は子どもの適正な睡眠時間を過小評価していることも報告されています[10]。さらに、子どもが成長すると、インターネットやゲームのほか、部活動や塾、習い事などの課外活動も一層増えることから、ますます子どもの育ちに必要な睡眠時間を確保することが難しくなっていきます。

　では、睡眠不足は子どもにどのような影響を与えるのでしょうか。睡眠不足を感じている子どもの割合は、小学生では14.9％、中学生では

---

8）厚生労働省「健康づくりのための睡眠ガイド2023」2024年
9）上田生体時間プロジェクト「『子どもの睡眠健診』プロジェクトで見えてきた実態」理化学研究所、2024年3月18日プレスリリース
10）駒田陽子・井上雄一編『子どもの睡眠ガイドブック―眠りの発達と睡眠障害の理解』p48-61、朝倉書店、2019年

24.8％、高校生では31.5％と学校段階が上がるにつれ多くなっています[11]。そして、睡眠不足が学校生活にも影響を及ぼすことがわかっています。「学校がある日の午前中、授業中にもかかわらず眠くて仕方がないことがありますか」という質問に対して「よくある」「ときどきある」と回答した割合は、小学生では35.1％、中学生では59.7％、高校生では78.5％であり、中学生の半数以上、高校生の7割以上が日中に眠気を感じながら学校生活を送っていることがわかります（図2-6）。学校がある平日の睡眠不足が蓄積しているため、休日にその補填をしている状況があり、その結果、平日と休日の起床時刻にずれが生じて睡眠リズムが乱れる「社会的時差ぼけ」と呼ばれる状態になります。この「社会的時差ぼけ」が2時間以上になると、入眠困難や睡眠の質の悪さ、睡眠不足や日中の眠気、疲労感、イライラのほか、主要5科目の学業成績の低さと関連することも報告されています[12]。一方で、就寝時刻が早いほど学力調査の平均点が高いこと、成績上位群は生活習慣や勉強習慣が規則正しく、夜間のインターネット利用が少ないことも報告されています[13]。

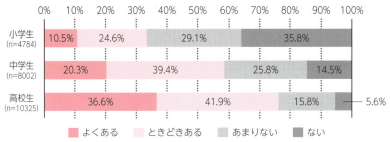

図2-6 睡眠不足が学校生活に及ぼす影響

学校がある日の午前中、授業中にもかかわらず眠くて仕方がないことがありますか
（学校段階別）

出典：文部科学省「平成26年度「家庭教育の総合的推進に関する研究」睡眠を中心とした生活習慣と子供の自立等との関係性に関する調査」2015年

## 3．子どもの健康と生活

　日本社会では長い間、寝る間を惜しんで仕事や勉強をすることを美徳とする風潮がありました。高度経済成長期には、大学受験に際して「4時間睡眠の人が合格し、5時間以上寝ている人は不合格になる」という意味の「四当五落」という言葉が用いられ、まさに寝る間を惜しんで勉強しなければ、大学に合格することはできないといわれてきました。しかし現在では、成長期の子どもが睡眠不足に陥ることによって起こるさまざまな弊害が報告されるようになり、子どもの健やかな成長のためにも、規則正しい生活や十分な睡眠が必要であることが再確認されています。

　大人は仕事や家事、子どもは勉強や習い事などに忙しく、十分な睡眠時間を確保するのは、現代の日本社会において容易なことではないのかもしれません。それでも今、子どもたちが自由な遊びに求める活動がタブレットなどの画面に向き合う遊びであり、インターネット依存に容易に陥りやすい環境になっていることをふまえれば、周囲の大人が子どもの生活に関心をもち、心身の健やかな成長を支える環境への理解を深め、その環境を子どもと一緒に調整していく必要があるといえます。

---

11) 文部科学省「平成26年度「家庭教育の総合的推進に関する調査研究」睡眠を中心とした生活習慣と子供の自立等との関係性に関する調査」2015年
12) 田中典久ほか「平日と休日の起床時刻の乖離と眠気、心身健康、学業成績の低下との関連」『心理学研究』90（4）、p378-388、2019年
13) ベネッセ教育総合研究所「子どもの生活リズムと健康・学習習慣に関する調査2021」2021年

# 3 子育てに関する保護者の意識

## 1．子どもの大学進学を希望している

　「令和3年度全国学力・学習状況調査　保護者に対する調査（速報）」によると、「お子さんにはできるだけ高い学歴を身につけさせたいと考えますか」という質問に対して、「あてはまる」を選択した割合は小学生・中学生の保護者ともに13％程度、「どちらかといえば、あてはまる」は40％程度であり、過半数が肯定していることがわかります（図2-7）。さらに、子どもに求める学校段階については、「中学校まで」はほとんどなく、「高等学校まで」も15％程度と少数派です。高校卒業後の専門教育を望む保護者は80％以上であり、そのほとんどが「大学まで」で、全体の60％程度を占めています。多くの保護者がわが子に大学までは行かせたいと望んでいます。

### 図2-7　子どもの教育に対する考え方

お子さんにはできるだけ高い学歴を身につけさせたいと考えますか

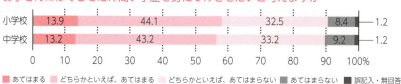

あなたは、お子さんにどの段階の学校まで進んでほしいと思っていますか

出典：文部科学省「令和3年度全国学力・学習状況調査　保護者に対する調査（速報）」2022年

## 2．受験のために高い費用を負担している

　1か月あたりの学習塾や習い事への支出額については、「全くない」は低く、小学生・中学生の保護者ともに17％程度です（図2-8）。小学生の保護者では「5000円以上〜1万円未満」と「1万円以上〜2万円未満」が同等に多くそれぞれ20％程度で、これらで全体の約半数を占めています。しかし、中学生の保護者ではそれらの額はそれぞれ約10％、16％と低く、「2万円以上〜3万円未満」と「3万円以上〜5万円未満」が同等に多く、それぞれ20％程度を占めています。つまり、中学生の保護者のほうが、より高い費用を学習塾や習い事に費やしているといえます。これは中学生のほとんどが高校受験を控えていてその準備のために学習塾に通うのに対して、小学生では、中学受験をする児童は高校受験と比べると限られているからではないかと考えられます。

　大学受験を経験する家庭においても同様に、学習塾や習い事への支出は高い水準となることが推測されます。当然ながら、大学進学による支出は相対的に安価な国公立大学でも授業料だけで年間60万円程度（1月当たり5万円程度）となり、学習塾や習い事よりも高額になります。日本においては返済不要の奨学金制度が充実しているわけではないため、多くの保護者が望む「大学までは行かせたい」を実現するには相当

### 図2-8　学習塾や習い事にかける1か月あたりの平均支出額

出典：図2-7に同じ

の教育費がかかるのが現実です。苦労して稼いだお金を教育費に回すことになるため、それに対する効果として子どもの成績が上がることを期待してしまうのは、無理からぬことではないでしょうか。しかし、高い教育費を投じれば思うように成績が伸びるとは限らないのもまた現実で、それがまた保護者の悩みとなります。

## 3．子どもの成績や進路に悩み続ける

　図2-9は、「21世紀出生児縦断調査（平成13年出生児）」[14) 15)]において、子育てにおける負担や悩みについて、保護者が選択した項目のうち、上位3位までをグラフ化したものです。

　子どもが未就学時（1～5歳）においては、「自分の自由な時間がもてない」が1位で、6割前後の保護者が選択しており、「身体の疲れ」とも合わせて、子どもの世話に付きっきりで疲弊している様子が見てとれます。しかし、就学前の6歳時以降から12歳時まではそれまでにもあった「出費がかさむ」が1位になります。そして、13歳時以降は、「子どもの将来（進路など）」「子どもの成績」とともに上位3位を独占します。

　「子どもの将来（進路など）」「子どもの成績」は4割前後の高率を維持するのに対して、「出費がかさむ」は15歳時を境に下降していきます。これは、中学生までは高校受験のために塾等へ支出していたのに対して、高校入学後は大学等への受験に備えて塾等への支出を維持する場合と、専門学校や就職等に進路を絞り、塾等への支出をしなくなる場合に分かれるためと考えられます。いずれにせよ、子どもの成績や進路は保護者にとって大きな悩みになっているといえます。

---

14) 厚生労働省「第1回～15回 21世紀出生児縦断調査（平成13年出生児）」2002～2017年
15) 文部科学省「第16回～18回 21世紀出生児縦断調査（平成13年出生児）」2018～2020年

**図2-9** 子育てにおける負担や悩み

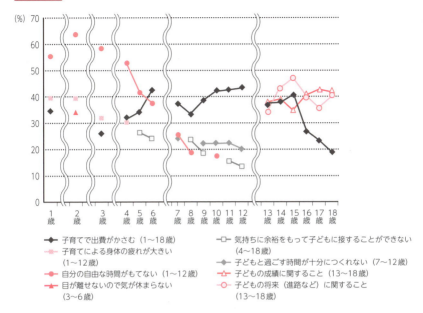

凡例：
- 子育てで出費がかさむ（1〜18歳）
- 子育てによる身体の疲れが大きい（1〜12歳）
- 自分の自由な時間がもてない（1〜12歳）
- 目が離せないので気が休まらない（3〜6歳）
- 気持ちに余裕をもって子どもに接することができない（4〜18歳）
- 子どもと過ごす時間が十分につくれない（7〜12歳）
- 子どもの成績に関すること（13〜18歳）
- 子どもの将来（進路など）に関すること（13〜18歳）

出典：厚生労働省・文部科学省「21世紀出生児縦断調査（平成13年出生児）第1回〜第18回調査」より作成

## 4．障害のある子どもの保護者の意識

　名古屋市が行った調査[16]によると、子どもが小学校に入学するまでに発達に不安を感じたことがあると回答した保護者（1358名、全体の22.4％）のなかでも、①障害者手帳を所持または発達障害の診断を受けた子どもの保護者は、他の保護者（②健診や施設・医療機関で発達の遅れの指摘がある子どもの保護者、③健診や施設・医療機関で発達の遅れの指摘がない子どもの保護者）に比べてさまざまなことについて不安を感じている者が多いことが明らかになっています（図2-10）。特に、「子どもの小学校就学への不安」「子どもの将来への不安」「子どもの発

[16] 名古屋市「子どもの育ちと保護者意識に関する調査報告書」2016年

達のために何をすべきかわからない」「できるだけ早く専門機関での治療や訓練を受けなければ」といった項目を半数以上が選択しているのに対して、②と③のグループはこれらの選択率は2割程度と、大きな差があるといえます。さらに、「子どもには個人差があるので気にする必要はない」においては、逆に①のグループの選択率が低く、個人差とはいえない差異に不安を感じている人が多いことがわかります。これらの結果から、障害がある子どもの保護者においては、そうでない保護者よりも子どもの発達や将来の生活についてより不安を抱きやすく、それらに対する自身の責任をより感じやすいと考えられます。

　以上のように、日本の保護者は、わが子の将来を心配し、より確実な進路であると信じて大学進学を望み、高い教育費を負担しています。また、そうするがゆえに、将来への不安がより高まるという息苦しい状況になっていると推測されます。発達障害の子どもの場合は、さらにその苦しさが増していると考えられます。

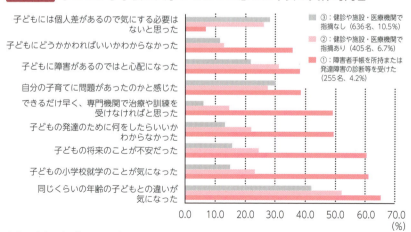

図2-10　子どもが小学校に入学するまでに感じた不安の具体的内容

出典：名古屋市「子どもの育ちと保護者意識に関する調査報告書」2016年より作成

## 4 競争的な教育環境の問題

　武田（2021）によれば、エデュケーショナル・マルトリートメントは「大人の将来への不安や欲望から強制的に学ばされる状態」[17]であり、それは「社会全体の歪んだ教育観によってなされる、大人たちから子どもたちへの不適切な行為」[18]です。ここでは、エデュケーショナル・マルトリートメントの背景にある「社会全体の歪んだ教育観」とは何か、それがどのようにつくられてきたのかを考えます。

### 1．「競争的な教育環境」に対する是正勧告

　ここでいう「社会全体の歪んだ教育観」には、日本の子どもたちが置かれている「競争的な教育環境」がかかわっています。

　世界中の子どもたち一人ひとりが生まれながらに人権をもった主体であることを明確に掲げた「児童の権利に関する条約」（子どもの権利条約）が、1989年に国連総会で採択されました。日本政府も1994年に批准して以来、締約国として子どもの権利実現に向けた報告を「国際連合児童の権利委員会」に定期的に提出し、これまで4回にわたって審査を受けてきました。

　しかし、その審査において、日本では過度に「競争的な教育環境」が子どもたちの成長や発達に悪影響を与えていることが指摘され、その改善勧告がくり返されてきました。特に、直近の「第4回・第5回政府報告に関する総括所見」（2019年）では、「子どもたちが幼少期および発達を社会の競争的な性質によって害されることなく享受できるようにするための措置をとること」[19]（日本語訳およびマーカーは筆者による）

---

17) 武田信子『やりすぎ教育─商品化する子どもたち』p47、ポプラ社、2021年
18) 文献17）に同じ、p47-48

と勧告されています。この間、塾・予備校に加え、ICTを活用した通信教育、ひいては偏差値に基づく進学情報や学習指導を総合する受験産業が広がり続けてきました。前述の、子どもたちがさらされている競争的な環境は学校教育にとどまらず社会全体の問題であるという所見は、このような日本の状況をとらえたものであるといえます。

## 2．子どもたちの学びの意味への影響

　問題は、このような「競争的な教育環境」が子どもたちに与えている影響の中身です。ここではOECD（経済協力開発機構）が加盟国および非加盟国・地域の15歳児を対象として2000年より3年おきに実施しているPISA（Programme for International Student Assessment：生徒の学習到達度調査）を取り上げます。

　PISAは各国の教育の強み・弱みを比較したり、教育政策を議論したりする際に参照されることが多いのですが、子どものウェルビーイングの観点も盛り込んで実施された2015年調査で、気になる結果が報告されました。日本の子どもの「テストへの不安」の指標が、72か国・地域のなかで15番目に高い結果となったのです。特に「テストが難しいのではないかとよく心配になる」と回答した子どもは78.1％、「学校で悪い成績をとるのではないかと心配になる」と回答した子どもは81.8％にも達し、その際立った高さが注目されました。他方で、日本の子どもの「科学に対する態度」にかかわる項目では、科学を学ぶことが将来の仕事で役立ち、仕事の可能性を広げてくれるといった「道具的な動機付け」の指標はOECD平均に近いものの、「科学の楽しさ」「理科学習者としての自己効力感」の指標はその平均をはるかに下回る結果となりました。

19）Committee on the Rights of the Child（5 March 2019）Concluding observations on the combined fourth and fifth periodic reports of Japan. p5.（「第4回・第5回政府報告に関する総括所見」）外務省ホームページ

以上の結果からも推測されますが、競争的な教育環境が維持され続ければ、子どもたちのテストや成績に対する不安が高まる一方、学ぶこと自体の楽しさや効力感が希薄化することは当然懸念されます。にもかかわらず、なぜこのような競争的な教育環境が是正されないままに現在に至っているのでしょうか。個々の保護者の意識や判断、行動が問題なのでしょうか。戦後日本の社会変化をたどりながら、この問いに迫ってみたいと思います。

## 3．「孤立・不安」にかきたてられる競争意識

　本田（2014）は、戦後日本の社会変化を「戦後日本型循環モデル」の形成と崩壊のプロセスとして整理しています。戦後復興から高度経済成長期を経て、日本社会は「教育・仕事・家族という3つの社会領域の間に、ある社会領域のアウトプットを次の社会領域のインプットとして注ぎ込むような堅牢な矢印が、一方向的に成立していた」[20]ということがこのモデルの強調点です。わかりやすくいえば、「よりよい将来に向かって、できるだけ高い教育を受け、できるだけ将来性のある安定した企業に就職し（教育→仕事）、できるだけ豊かな家庭を築くべく、父親は働いて賃金を家庭に持ち帰り（仕事→家族）、できるだけ子どもの養育・教育を充実させるべく、母親は家計支出から教育費を捻出する（家族→教育）」といった循環（教育→仕事→家族→教育…）を通じて戦後の日本社会はつくられてきたということです。そして、「よりよい将来に向かって、できるだけ」という欲求をエンジンとしたこの循環を支える歯車として、「競争的な教育環境」の土台もつくられてきました。

　ところが、1990年代のバブル崩壊後、日本は長期的な経済停滞に突入し、この「戦後日本型循環モデル」も破綻へと向かっていきます。

[20] 本田由紀『もじれる社会──戦後日本型循環モデルを超えて』p48、筑摩書房、2014年

「卒業しても安定的で将来性のある職に就けない、家庭を築いて子育てできるほどの経済的安定が得られない、苦しい家計のなかからかつてのように教育費が割けない」といったように、3つの社会領域の循環にほころびが生じ、その影響は瞬く間に私たちの暮らしに広がっていきました。循環から弾き出された個人が困難や生きづらさを抱え、孤立に苦しむケースも増加しています。

　ここで重要なのは、「競争的な教育環境」がその役割を終えることなく、逆にその意味合いを強めながら残っていることです。宮﨑（2006）[21]は、生きていくうえで人生のモデルが失われることで、①進学や就職、出産や子育て、介護といったさまざまな人生経験に不安や危機が生じやすいこと、②その解決のための支援・情報の提供は商品化が進んでいるため、結果的に格差が増幅されてしまうこと、そして、③孤立した個人や個々の家庭に不安や危機がのしかかり、それによって我先に、よりよい条件を得ようと競争がかきたてられることを指摘しています。

　実際に、1990年代以降の長引く不況下においても日本の高等教育への進学率は伸び続け、2023年度の大学進学率は過去最高の57.7％に達しています（文部科学省「令和5年度学校基本調査」）。一概にはいえませんが、たとえ家計が苦しくとも、先の見えない社会情勢だからこそ「よりよい将来に向かって、できるだけ」選択肢を広げるために子どもを大学に進学させようとする保護者の意識や行動に支えられた数値であると考えられます。

　それと並行して、都心部を中心に受験や塾通い、習い事の低年齢化が進行し、受験産業の拡大・高度化もあいまって「競争的な教育環境」は子どもたちの生活に大きく影響し続けています。

　さらに近年、複雑で予測困難な時代を生き抜いていくための教育目標として、創造力や柔軟性、協調性、問題解決力や姿勢・態度まで含む全

---

21) 日本社会教育学会編『社会的排除と社会教育』p9-19、東洋館出版社、2006年

人的な「新しい能力」観も強調されています。それ自体は重要な議論なのですが、従来のペーパーテストでは測定できない曖昧な能力が低年齢化の進む受験等で学力評価の対象とされないか、それによって生じる保護者の新たな不安に応えて子どもの芸術・スポーツ、体験活動等の習い事の過熱化（あるいは「勉強化」）に拍車がかからないか、懸念されるところです。

ここまで、子どもに強制的かつ競争的に学びを迫る「社会全体の歪んだ教育観」が、日本社会の変化を通じて形づくられてきたことを確認してきました。エデュケーショナル・マルトリートメントとは、不適切な行為が生まれる大人と子どもの関係性の問題であると同時に、それをつくり出してきた社会をどのように編み直すかという問題でもあるのです。

## 4．教育観を模索する場と機会を「地域」につくる

このような問題把握は、エデュケーショナル・マルトリートメントを招く「大人の将来への不安や欲望」を見つめ直し、自分たちの手で異なる教育（観）を模索することが、社会や暮らしを編み直していくことにつながる可能性を示唆しています。ここで最後に触れておきたいのは、「仕事・家族・教育」とは異なる生活領域である「地域」についてです。

ある文化施設で、週に一度、地域の伝承遊びを学び、楽しむ小学生の放課後教室事業が行われていました。この教室では、1年生から6年生まで、地元の公立校や大学附属校、私立の進学校に通う子ども、さらには学校に足が向かない子どもも含めてさまざまな子どもが一緒に活動しています。さらに、30年近く続くこの教室では、地元の応援団である「近所のおじちゃん、おばちゃん」もその活動を見守り、行事の時などに活躍してくれます。

この教室で保護者の立ち話の輪に加わった時、ある保護者が「いろい

ろ習い事や塾で毎日忙しいんですが、ここだけが唯一、成果が求められない教室なんです」と語ってくれました。それを聞いていた別の保護者が「うちの子、家族が入院して家ではしんどい時期なんだけど、ここに来てみんなで過ごすのが楽しみで」と続きます。ふだんは接点のない保護者同士が心の内を語り合う関係性に驚くとともに、施設職員や地域住民とのゆるやかなつながりの積み重ねに、保護者だけに子どもの教育の責任を負わせない「小さな社会」が生まれる可能性を予感しました。

「孤立と不安」にかきたてられる競争的な教育環境を編み直していくためには、地域のなかに安心できるつながりをつくり、ともに子どもを育てる場や機会をつくっていくことも大切です。

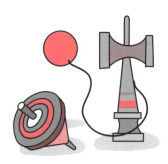

# 5 障害のある子どもの教育環境

　現在、障害のある子どもはどのような環境で学んでいるのでしょうか。就学前の子どもでは、保育所・幼稚園等で定型発達の子どもと一緒に過ごしたり、療育施設に通ったりする場合が多くみられます。小学生では、通常学級、通級指導教室、特別支援学級、特別支援学校など、多様な学びの場で過ごすことになります。就学先は固定されたものではなく、子どもの成長によって学びの場は変わっていきます。高等学校でも通級指導教室が始まりました。

　ここでは、発達障害、特に自閉スペクトラム症（ASD）児の教育環境について取り上げます。肢体不自由児、視覚障害児、聴覚障害児などは、その特性から比較的周囲に認識されやすく、合理的配慮を受けやすい一方で、知的に遅れのない発達障害児は、特性が周囲に認識されにくく、理解が広がりにくいという特徴があります。

## 1．ASDの特徴

　発達障害としては、ASD、注意欠如・多動症（ADHD）、限局性学習症（SLD）が代表的なものとしてあげられます。これらは併存することもあり、それぞれの特性の強弱は人それぞれです。

　図2-11のとおり、ASDとADHDは、かなり併存するといわれています。また、知的能力障害（ID）と併存している人もいます。かつてASDは知的障害を伴うイメージがありましたが、現在は知的に遅れのないASDが多いといわれています。

　ASDの特性理解として、ローナ・ウイングは「社会性の問題」「コミュニケーションの問題」「想像力の問題」を挙げています[22]。「社会性

### 図2-11 発達障害関連図

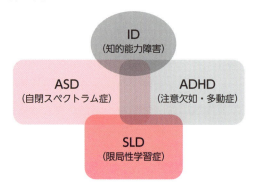

出典：厚生労働省資料より作成

の問題」とは、人と双方向の関係を築くことの難しさです。関係性が一方的で、相手の立場に立つことができずにトラブルになることもあります。「コミュニケーションの問題」では、難しい言葉を使いこなしているように見えても、実はその意味をよく理解していないことなどがあります。「想像力の問題」とは、目の前に見えることを優先してしまい、物事の段取りがうまくできなかったり、見通しをもてずに不安になったりすることです。このほかにも、近年では感覚の過敏さ、鈍感さも指摘されています。

ここで大切なのは、これらが原因で社会生活に支障を来している場合には、適切な支援が必要であるという点です。たとえば、言葉の理解が難しい子どもには、長い時間をかけて言葉で説明するのではなく、言葉以外の表出手段を教えることが大切です。見通しがもてないと不安になる子どもには、次に何があるのか、いつ終わるのかを絵や写真カード、実物など、本人がわかる方法で示す必要があります。

とはいえ、ASD児の特徴はさまざまであり、100人いれば100通りの

---

22) ローナ・ウイング、久保紘章ほか監訳『自閉症スペクトル―親と専門家のためのガイドブック』東京書籍、1998年

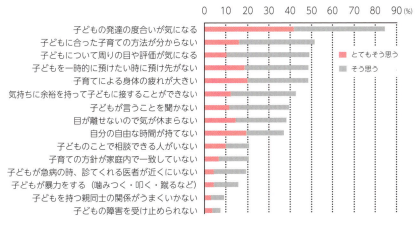

**図2-12** 子育ての不安・悩み・負担の順位

注）回答者の46.1%がASDの子どもの保護者

出典：国立リハビリテーションセンター「「発達が気になるお子さんの養育に関するアンケート」調査結果について」p22、2022年

状態像があり、100通りの支援方法があるといわれます。つまり、一人ひとりの特性理解と、特性に応じた個別の支援が大切だといえるでしょう。

国立リハビリテーションセンターが実施した保護者に対するアンケート[23]によると、子育ての不安・悩み・負担について、「発達の度合いが気になる」「子育ての方法が分からない」「周りの目や評価が気になる」などが挙げられています（図2-12）。また、98.5%の保護者が、子どもの特性に合わせた発達支援を「とても必要」「必要」と回答しています。

さらに、日本自閉症協会による保護者へのアンケート[24]によると、子どもにどのような問題があるかについて、「泣き叫びや大声」「強いこだわり」「自傷行為がある」の数字が高いことから、外出先でのトラブルや家庭での育てにくさが予想されます。図2-12の「周りの目や評価

---

23) 国立障害者リハビリテーションセンター「「発達が気になるお子さんの養育に関するアンケート」調査結果について」p22、2022年
24) 一般社団法人日本自閉症協会、内山登紀夫・今井忠監修「自閉症児者の家族を対象としたアンケート実施について」p9-10、2021年

が気になる」と回答した人が多いこととの関連も推察されます。多くの家族は、これらの「行動上の問題」について対応策がわからない、特性に応じた発達支援が必要だと認識しているといえます。

## 2．通常学級における「配慮が必要な子ども」の状況

「通常の学級に在籍する特別な教育的支援を必要とする児童生徒に関する調査結果について」（文部科学省、2022年）によると、「学習面又は行動面で著しい困難を示すとされた児童生徒数の割合」は小・中学生の8.8％に上ることが明らかになりました[25]。調査の目的は「知的に遅れのない発達障害の可能性のある特別な教育的支援を必要とする児童生徒」の実態調査であり、発達障害の診断を受けた児童生徒が8.8％在籍しているということではない点には注意が必要です。ここでは、この調査で明らかになったいくつかの重要な指標について解説します。

まず、担任が「学習や行動に困難を抱えている」と判断した子どものうち、28.7％が校内委員会で教育的支援が必要と判断されています。同時に、70.6％は担任の指導の範囲内で対応できると判断されています。校内委員会とは、校長のリーダーシップのもと、特別支援教育コーディネーター、主幹、担任等で構成され、特別な支援を必要とする子どもを早期に発見し、指導計画を立て、外部の専門職に助言を求めるかどうかを判断する場です。

表2-2は個別的支援の現状を示しています。担任のうち、54.9％が個別の配慮・支援を必要としている子どもに対して、実際に配慮や支援を「行っている」と答えています。しかし、これはあくまでも「担任は配慮していると考えている」ということであり、子どもにとってその配慮

---

[25] 文部科学省「通常の学級に在籍する特別な教育的支援を必要とする児童生徒に関する調査結果について」p10-15、2022年

### 表2-2 個別的支援の現状

授業時間内に教室内で個別の配慮・支援を行っているか（特別支援教育支援員による支援を除く）（座席位置の配慮、コミュニケーション上の配慮、習熟度別学習における配慮、個別の課題の工夫等）(小学校・中学校)

|  | 推定値（95％信頼区間） |
| --- | --- |
| 行っている | 54.9%（50.8%～59.0%） |
| 行っていない | 43.2%（40.3%～46.1%） |
| 現在は行っていないが過去行っていた | 1.4%（1.0%～2.0%） |
| 不明 | 0.5%（0.2%～1.0%） |

出典：文部科学省「通常の学級に在籍する特別な教育的支援を必要とする児童生徒に関する調査結果について」p12、2022年

が十分であるかどうかは別の問題であることに注意が必要です。また、43.2％は個別の配慮・支援が必要だと思いながらできていない状況であることを示しています。

　校内委員会で支援が必要とされた子どもには支援員が配置されるなどの配慮があります。しかし、本調査からは、73.5％の担任は、特別支援学校や巡回相談員、福祉・保健等の関係機関など、外部の専門職を活用できていない状況が明らかになりました。

　さらに、校内委員会で特別な支援が必要とされた子どもに対して「個別の指導計画」が作成されているかどうかについては、42.5％の子どもの個別の指導計画が作成されていないことも明らかになりました。つまりその子どもたちの障害特性や支援方法が検討されていないということになります。

　一方、「特別支援教育を担う教師の養成の在り方等に関する検討会議報告」（文部科学省、2022年）においては次のような課題が指摘されています。

- 小学校等の教諭免許状の取得に当たっては、特別支援教育の内容の更なる充実を検討する必要がある。
- 小学校等においては、特別支援学級に在籍する児童生徒の指導に担任以外の教師が関与していないという状況もある。特別支援学級又は通級による指導と通常の学級の教師が相互に学び合う工夫や学校全体で特別支援教育に関する学びを支える仕組みが求められる。
- 特別支援教育コーディネーターには、教育のみならず、他分野も含めた関係機関や外部専門家等との連携という重要な役割がある。
- 小学校等の管理職で特別支援教育に関する経験を持つ者が少ない状況にあるが、管理職自身の特別支援教育に関する理解と経験、リーダーシップが不可欠であり、その資質能力を高める工夫が必要である。

　以上のことから、小・中学校の通常学級の教師をめざす者は、教員免許を取得する段階から特別支援教育に関する知識を身につけておく必要性があり、教師となってからも、日々、かかわっている特別な支援が必要な子どもから学ぶ姿勢をもつこと、校内外の研修に参加し、専門性を高めることが求められていることがわかります。また、管理職にも、特別支援教育に関する理解と知識が求められているといえます。

## 3．小・中学校における課題

　ここで紹介したアンケート等の結果から、保護者はASD児に対して困り感を抱いていて、特性に応じた対応策を知りたいと願っていること、一方で、小・中学校では、担任が「指導が難しい」と感じている子どもたちの3割程度しか校内委員会の対象となっていないこと、さらに校内委員会の対象となっている子どもたちについても、その約4割は個

別の指導計画が作成されておらず、保護者に対応策を示すことができていない状況が明らかになりました。

　通級による指導、特別支援学級、特別支援学校にまったく問題がないわけではありませんが、これらの支援を受ける子どもについては、子どもの特性に応じた個別の指導計画や将来を見通した個別の教育支援計画を作成することが義務付けられています。一方で、通常学級に在籍している発達障害の可能性のある子どもに、十分な配慮がなされているとはいえない状況があります。

　子どもの育て方・かかわり方を知りたい、特性を理解したいと願っている保護者は、独自に調べたり、療育に通わせたりしているかもしれません。しかし、義務教育段階の子どもの生活の大きな部分を占める学校において、友だちとの関係づくりが苦手な子ども、忘れ物が多い子ども、授業中に座っていられない子ども、文字を書いたり読んだりすることが苦手な子どもが、適切な支援を受けられず、ほかの子どもと同じスピード、同じ内容の授業を受けているとしたら、それはエデュケーショナル・マルトリートメントといえるのではないでしょうか。学校には、家庭と連携して子どもを中心に情報を交換し学び合い、専門性を高めていくことが求められます。

# 第3章

# 保護者による
# エデュケーショナル・
# マルトリートメントの全体像

　この章では、専門職に対するインタビュー調査とエデュケーショナル・マルトリートメントの当事者（かつてエデュケーショナル・マルトリートメントをした人およびエデュケーショナル・マルトリートメントを受けた人）へのインタビュー調査の分析結果を元に、エデュケーショナル・マルトリートメントの全体像をつかんでいきます。

　第1節では、保護者によるエデュケーショナル・マルトリートメントのリスク要因について、第2節では、子どもへの影響について説明します。保護者によるエデュケーショナル・マルトリートメントは子どもにとってストレスフルなものであり、さまざまな影響が生じることが見えてきました。さらに、第3節では、エデュケーショナル・マルトリートメントの消失や改善に寄与する要因を紹介し、第4節では、どのような場合に保護者によるエデュケーショナル・マルトリートメントが生じやすく、またどのようなことがきっかけでそれが消失や改善に向かうのかを、状況的な要因を含めて解説していきます。

# 1 エデュケーショナル・マルトリートメントのリスク要因

　リスクとは、「地震の発生リスク」や「喫煙習慣があると肺がんになるリスクが高い」など、ある事象が発生する確率のことを意味し、ある事象が発生する確率を高める可能性のある要素のことを「リスク要因」といいます。ここで注意すべき点は、リスク要因があるからといって、常にその事象が確実に起こるとは限らないということです。また、リスク要因は1つだけで当該事象を引き起こすものではありません。むしろ、いくつかのリスク要因が重なることで当該事象が引き起こされると考えられます。特に人間の心や行動は極めて複雑ですので、複数のリスク要因を想定することが必要です。

　ここで紹介する保護者によるエデュケーショナル・マルトリートメントのリスク要因は、「保護者自身の特徴」「子どもの特徴」「家族および家庭の特徴」「周辺環境の特徴」の大きく4つに分けられます。

## 1．保護者自身の特徴

　保護者自身の特徴には、(1) 子どもに対する理解不足、(2) 思想・価値観、(3) 過去の経験、(4) パーソナリティの4つが含まれます（表3-1）。(1) と (2) は相対的には変化しやすい要因であり、(3) と (4) は相対的には変化しづらい要因であるといえます。保護者によるエデュケーショナル・マルトリートメントに対する支援と予防という観点からは、より変化しやすいリスク要因に着目することが有効であると考えられるため、(1) と (2) について、特に詳しく説明します。

表3-1 保護者によるエデュケーショナル・マルトリートメントのリスク要因（保護者自身の特徴）

| 上位カテゴリー | 中位カテゴリー | 下位カテゴリー | 特徴 |
|---|---|---|---|
| (1) 子どもに対する理解不足 | 子どもの権利に対する理解不足 | | 「児童の権利に関する条約」のなかでも、特に以下の内容がエデュケーショナル・マルトリートメントに関係している<br>● 差別の禁止（第2条）（兄弟姉妹等との比較による叱責）<br>● 生命、生存及び発達に対する権利（第6条）（発達を可能な最大限の範囲において確保）<br>● 意見表明権（第12条）<br>● プライバシー・名誉の保護（第16条）<br>● 教育の目的（第29条）（教育は児童の人格、才能並びに精神的及び身体的な能力をその可能な最大限度まで発達させること）<br>● 休息、余暇、遊び、文化的・芸術的生活への参加（第31条） |
| | 子どもの発達・個性・状態に対する理解不足 | | ● 睡眠時間や遊ぶ時間（余暇活動）、子ども自身が選択して実行すること、失敗することの重要性を理解していない（発達）<br>● 子どもの好みや得意不得意、向き不向きに無頓着（個性）<br>● 子どもの状態に無頓着（状態） |
| (2) 思想・価値観 | 学業偏重 | | 学業のみに価値をおいて、他の活動の意義を顧みない |
| | 学歴主義 | | 子どもがどのようなことを学ぶのか、その実質的意味を顧みることなく学歴を重視する |
| | 成果主義 | | 学業において高い成果を得ることのみに価値をおいて、活動過程そのものやそこで得られる成果以外の物事の意義を顧みない |
| | 努力至上主義 | | 子どもの発達・個性・状態に応じることなく、「やればできる」とひたすら努力することを求める |
| | 上昇志向 | | 現状に満足せず、より高い技能やより深く幅広い知識を得ることを求める |
| | 親としての責任範囲の拡大 | | 子どもの育ちや将来について、親が絶対的な責任をもつ必要があると信じている |
| (3) 過去の経験 | 被教育経験 | 被エデュケーショナル・マルトリートメント経験 | 保護者自身が子ども時代に、保護者やその他の大人等からエデュケーショナル・マルトリートメント的なかかわりをされて育った経験を有している |
| | | 高い教育歴 | 保護者自身が高い水準の教育を受けてきた経験を有している |

(表3-1続き)

| 上位カテゴリー | 中位カテゴリー | 下位カテゴリー | 特　徴 |
|---|---|---|---|
| （3）過去の経験 | 成功／失敗体験 | 成功体験 | ● 保護者自身が過去に学業で高い成果を残した経験を有している<br>● 保護者が別の兄弟姉妹に対して行った対応で高い成果を得た経験がある |
| | | 失敗体験 | ● 保護者自身が過去に受験や進路選択で挫折した経験を有している |
| （4）パーソナリティ | 気質的特性 | 発達障害的傾向 | 発達障害を含む生来の特性として、柔軟性のなさ、極端な思考、執拗さ、感情的、易怒性、理詰め、杓子定規、安直さ、自分本位等の傾向が見られる |
| | | 自己評価と対人関係における偏り | ● 自己評価が低く不安定でそれを埋めるために他者を持ち上げたり攻撃したりする（境界性パーソナリティ傾向）<br>● 低い自己評価を埋め合わせるために誇大なふるまいをしたりする（自己愛性パーソナリティ傾向）<br>● 共通する特徴として共感性が低い |
| | | 不安が高い | ● 不安が高いことにより、不安を高めるような状況を回避しようとする<br>● 不安を抱えられず、他者に不安を肩代わりしてもらうような行動をとる |
| | 後天的特性 | 自己不全感 | 自己の理想とする水準に達していない、思うような自己になっていないという満たされない思いが強い |
| | | 劣等感 | 兄弟姉妹等の近縁者や友人・同僚・配偶者との間に学歴・職業・社会的地位・収入等における劣等意識がある |
| | | 負い目 | 近親者に障害のある人がいることで負い目のような意識をもっている |
| | | 自立における問題 | 保護者が自身の保護者等から与えられた価値観を未だ吟味して再構成できておらず、借り物の価値観や人生観に依存している |
| | | 管理傾向 | さまざまな物事について自身の思うように管理し、コントロールしようとする |
| | | 子どもと一体化 | 子どもを自身の延長のような存在とみなし、子どもの成功・失敗を自身のことのように感じたり、子どもを自身のアイデンティティの拠り所にしたり、子どもを自身の所有物のように扱ったりする |

## (1) 子どもに対する理解不足

　子どもは、大人である保護者と比べると身体的にも精神的にも未熟であり、保護者によって養育されている状態です。また、社会経験とそこから得た知識の量と質において、保護者は子どもよりも絶対的に先を行く存在です。保護者は一般的に、監護責任をもつ存在として自身をみなしていますし、子どものことを誰よりも理解しようと努めます。その一方で、保護者のなかには不安定で先行き不透明な社会情勢から、子どもの将来を心配し、子どもの将来に少しでも多くの可能性が開けるようにと、高い学歴を望み、早期教育や早期の受験をさせる人もいます。子どもの側からすると、多くの場合、保護者は自分に愛情をかけて育ててくれ、自分の知らないことを何でも知っている存在で、「保護者の言うことはいつでも何でも正しい」と信じています。そのため、保護者の子どもに対する理解が十分でないと、時にマルトリートメントといわざるを得ないような事態が生じます。

　子どもに対する理解不足には、「子どもの権利に対する理解不足」と「子どもの発達・個性・状態に対する理解不足」の2つが含まれます。

　「子どもの権利に対する理解不足」については、第1章で説明したように、子どもはそれぞれが基本的な人権を有しており、虐待を含む不当な扱いをされない権利があります。当然、多くの保護者もそのことは理解しているでしょう。しかし、すべての保護者が「児童の権利に関する条約」（子どもの権利条約）を十分に理解しているかというとそうではありません。そのため、子どもの人権についての理解は、多くの場合、個々人の経験に基づく理解にとどまり、十分ではないことも多いのです。子どもの権利条約のなかでも、表3-1に挙げた条項の無理解がエデュケーショナル・マルトリートメントに関係していると考えられます。

　「子どもの発達・個性・状態に対する理解不足」のうち、子どもの発達については第5章第2節で詳しく解説します。子どもの個性には、

「子どもの特徴」(p59)で取り上げる発達特性も含まれます。当然ながら、子どもは一人ひとり個性があり、親子や兄弟姉妹であっても、異なる特徴をもっているのが普通ですし、発達特性には十分な理解と配慮が求められます。加えて、その時々の状況や気分によっても、子どものふるまい方や感じ方は変わりますし、それは保護者も同じです。しかし、このような個性や状態に理解が及ばないことがあり、エデュケーショナル・マルトリートメントにつながっていくことがあります。

### (2) 思想・価値観

保護者によるエデュケーショナル・マルトリートメントは、家庭教育の文脈で生じるものです。それぞれの家庭には「文化」といえるような独自の習慣や考え方があり、それを支えているものが家族メンバーに共有された思想・価値観です。学業において高い成果を得ることを求める行動の背後には、「学業偏重」「学歴主義」「成果主義」「努力至上主義」「上昇志向」「親としての責任範囲の拡大」の6つが含まれます。

「学業偏重」について、価値観の多様化が指摘されている現在では、同世代であっても価値観が異なることは自然ですし、ましてや世代の異なる親子において価値観が異なるのは当然です。しかし、エデュケーショナル・マルトリートメントに至る保護者の価値観は、学業領域の活動に偏っており、高い学業成績を得ることに集中しすぎてしまいます。

「学歴主義」については、学歴をあくまでその先にある職業や収入などの副次的な価値につながるものとして重視しているため、そこで子どもが何を学び、どのような経験をするのかという実質的な意味を顧みることがありません。現代社会においては、高学歴であることだけでは必ずしも子どもの幸福や自己実現に結びつくとは限らないのですが、その点についても十分に吟味することなく学歴を重視します。

「成果主義」については、その活動を子どもが自ら選んだ意味や活動

に挑戦したこと、持続的に取り組んだこと、失敗した経験、自身との相性など、その活動過程そのものやそこで得られることには目が向けられないというものです。

「努力至上主義」は、「やればできるはず」とひたすら努力することを求めるものです。そしてできない場合には、「真剣に取り組んでいない」「努力が足りない」と子どもを責めてしまいます。

「上昇志向」には、ある種の純粋さがあり、純粋であるがゆえにそれに応えられない子どもを責めてしまうことにつながります。

「親としての責任範囲の拡大」は、保護者の働きかけ次第で子どもの育ちや将来が左右されると信じていたり、後述するように、子どもに障害などのハンディキャップがある場合において、自責の念から責任範囲の拡大がもたらされることもあります。

人は自身の成功・失敗体験などから「大抵うまくいく」という方略（経験則：ヒューリスティック）を暗黙のうちに選ぶ傾向があります。しかも、「それを選ぶことで成功した」という自身の経験によってその方略の有効性の認識が強化されているため、1つの真理のようにとらえてしまい、本人のなかで思想・価値観という確固とした地位を得てしまうのです。しかし、多くの場合、保護者自身の経験から形成されてきたものであるため、それが常に、すべての子どもに当てはまるとは限りません。それでも、子どもに合わずうまくいかなかった体験をしても、自身の思想・価値観を振り返り、それが修正されるだけの効果をもつことは稀であるため、代わりに子どもや周囲の環境にうまくいかない理由を求めることで、自身の思想・価値観は保存されてしまうのです。

### (3) 過去の経験

人は自らの経験から多くのことを学びます。もちろん、直接経験することだけでなく、他者の経験したことを観察したり、見聞きしたりする

ことからも学びます。しかし、自らが幼少期より体験してきたことやそこで印象に残っている出来事は、個人のなかで大きな地位を占めることとなり、それに基づいて行動することにつながりやすいといえます。

　過去の経験には、「被教育経験」と「成功／失敗体験」が含まれます。

　「被教育経験」には、「被エデュケーショナル・マルトリートメント経験」と「高い教育歴」の2つが含まれます。一生懸命勉強して知識を得ることやテストなどでよい成績をとることといった内容は、社会通念上奨励され、それが否定されることはほとんどありません。同様に、「高い教育歴」を求めることも自然なこととしてとらえられます。そのため、保護者自身に被エデュケーショナル・マルトリートメント経験がある場合でも、社会通念上望ましい結果を追求するための妥当な手段として正当化される可能性が高くなります。加えて、保護者自身がこの経験から成果として高い学歴を得たり、何かを成し遂げてきたという自負心があることが多いため、子どもにも同様の経験をさせたいと願うことになります。

　「成功／失敗体験」には、「成功体験」と「失敗体験」の2つが含まれます。「成功体験」は、大切に思うわが子に対しても同様の体験をさせてやりたいという親心に結びついています。また、自身の成功体験を得る際に用いた方略、たとえば勉強のやり方などを有効な方法として子どもに伝え、同じようにやらせて同じように成功を収めることを期待します。あるいは保護者が兄弟姉妹のうちの兄に対して行った方法が有効で、兄が保護者の求める成果を収めたという成功体験がある場合に、弟にも同様に求めるという場合もあります。「失敗体験」は、保護者自身の失敗体験を自身の子どもにおいて挽回しようとするというものです。同様に、保護者が兄弟姉妹の誰かに行った方法での失敗体験を別の誰かで挽回しようとする場合もあります。

### (4) パーソナリティ

　パーソナリティとは、個人の感情、思考、行動に持続的かつ個別のパターンを与える内的特性で、いわゆる「性格」と呼ばれるものです。エデュケーショナル・マルトリートメントのリスク要因としてのパーソナリティには、「気質的特性」と「後天的特性」の2つが挙げられ、さらにそのなかに複数の特徴が含まれます。

　「気質的特性」には、「発達障害的傾向」「自己評価と対人関係における偏り」「不安が高い」という3つが含まれます。これらは、生来的な特徴といえるもので、容易に変えることができないためにエデュケーショナル・マルトリートメントとして顕在化した場合には状況の好転を妨げるものであるともいえます。

　「後天的特性」は、保護者がそれまでの人生のなかで形成してきたパーソナリティの特徴であり、「自己不全感」「劣等感」「負い目」「自立における問題」「管理傾向」「子どもと一体化」といった多様な内容が含まれます。「後天的特性」は、相対的には「気質的特性」よりも変化しやすいといえますが、それでも、これまで紹介してきたリスク要因と比べると変化することは極めて困難であるといえます。

## 2．子どもの特徴

　保護者によるエデュケーショナル・マルトリートメントのリスク要因として、子どもの特徴があり、(1) 障害特性と (2) 従順なパーソナリティが含まれます（表3-2）。

| 表3-2 | 保護者によるエデュケーショナル・マルトリートメントのリスク要因（子どもの特徴） |
|---|---|
| カテゴリー | 特徴 |
| (1) 障害特性 | 知的能力障害（ID）、自閉スペクトラム症（ASD）、注意欠如・多動症（ADHD）、限局性学習症（SLD）等の神経発達症と診断されている。あるいはこれらの特性を強く有している |
| (2) 従順なパーソナリティ | おとなしく従順なパーソナリティ傾向があり、保護者の考えに疑問をもたずに従ったり、自身が苦しくても保護者の期待に応えようとしたりする |

## (1) 障害特性

　これはいわゆる発達障害特性です。発達障害は身体障害等とは異なり、外見からはわかりにくいために、保護者も周りの大人も定型発達児と同様の対応をしてしまいがちです。しかし、発達障害には、単なる個性で片付けることのできない特有の傾向とかかわりの難しさがあるため、それを考慮しなければうまくいきません。子どものためを思っているからこそ、かかわりの成果が見えにくい子どもに対して、どうしても強く叱責したり、強要してしまったりすることがあるのです。そして困ったことに、それが時に見かけ上の効果を得てしまうこともあります。

　たとえば、文字の読み書きや計算などの学習スキルの訓練をくり返し行うと、発達障害があってもそれができるようになることが多いのですが[1]、文字や計算の意味を理解せずに、反復学習でやり方だけを覚えた場合、時間がたつとできなくなってしまいます。しかし、保護者は「一度覚えたのに忘れてしまった」「忘れたのは復習が足りなかったからだ」と考えてしまい、同じような反復学習がくり返されることになります。

　子どもに明確な診断が出されていても、保護者の発達障害についての理解が十分ではないためにエデュケーショナル・マルトリートメントにつながることもあります。自閉スペクトラム症（ASD）と診断された

---

[1] 宮本信也「教育とトラウマ（日本小児精神神経学会第120回記念大会会長講演）」『小児の精神と神経』59、p333-339、2020年

子どもの保護者が、「他者とのコミュニケーションに難しさを抱えているわが子だからこそ、医師にさせないといけない」という偏った思い込みで無理な学習活動を強制していた例もあります。また、身体障害の場合でも、「身体が不自由だからこそ勉強ができなければいけない」と、保護者が無理な学習活動を強制してしまう例もあります。

### (2) 従順なパーソナリティ

これは、子どもがおとなしく従順なパーソナリティ傾向であり、保護者の考えに疑問をもたずに従ったり、苦しくても保護者の期待に応えようと無理をしたりするというものです。生まれつき他者との意見対立を好まない、おとなしく控えめな性格である場合と、管理的、過干渉的特徴をもつ保護者のもとや家庭で生活するなかで形成されてきた後天的特性の両方の場合があると考えられます。

いずれにせよ、子どもにこのような従順なパーソナリティ傾向が強い場合、何でも保護者の意向に従ってしまう関係性に陥りやすく、エデュケーショナル・マルトリートメントにつながりやすいと考えられます。

## 3．家族および家庭の特徴

保護者の家族および家庭の特徴については、(1) アンバランスな夫婦関係、(2) 家庭内不和、(3) 高い社会経済的地位が含まれます（表3-3）。

### (1) アンバランスな夫婦関係

これは、夫婦関係に焦点を当てた内容で、「家庭内地位のアンバランス」「片方がもう片方を恐怖で支配」「片親不在傾向」の3つが含まれます。

夫婦関係において優位な立場に立っている保護者や存在感のある保護

**表3-3** 保護者によるエデュケーショナル・マルトリートメントのリスク要因（家族および家庭の特徴）

| 上位カテゴリー | 下位カテゴリー | 特徴 |
|---|---|---|
| (1) アンバランスな夫婦関係 | 家庭内地位のアンバランス | 夫婦間で生まれや育ち（学歴・職業・収入・社会的地位等）にコンプレックスがあり、それと関連した力関係・発言力がアンバランスである |
| | 片方がもう片方を恐怖で支配 | 家庭内で片方の保護者の立場が極端に強く、もう片方の保護者を恐怖で支配している |
| | 片親不在傾向 | 家庭内で片方の保護者が不在であったり著しく存在感がなかったりするために、もう片方の保護者の存在感だけが目立つ |
| (2) 家庭内不和 | | 家庭内のメンバーの関係が悪く、お互いに不満を抱いている。あるいは、家庭内の立場の弱い者が立場の強い者の暴力のはけ口となる |
| (3) 高い社会経済的地位 | | 保護者が社会的地位の高い、または経済的に安定している職業に就いている。あるいは保護者やその家族が高学歴であるなど、これらの特徴が単独で見られたり複合的に見られたりする |

者がエデュケーショナル・マルトリートメントをすると、劣位にある保護者や存在感のない保護者は、それに異を唱えることやストップをかけることができなくなってしまいます。アンバランスがより極端な「片方がもう片方を恐怖で支配」している場合は、劣位にある保護者が優位にある保護者を恐れるあまり、自身が攻撃されることを避けるために子どもを責めたり、エデュケーショナル・マルトリートメントに加担したりしてしまうこともあり得ます。そして、前述したように、学習活動での成功は社会通念上高い価値が置かれているため、保護者の行為は容易に正当化されてしまいます。

### (2) 家庭内不和

これは、夫婦間やその上の世代の親族（子どもから見て両親と祖父母等）との関係が悪く、互いに不満を抱いている場合と、子どもも含めて家庭内の立場の弱い者が立場の強い者の暴力のはけ口となっている場合

があります。いずれの場合も、(1) アンバランスな夫婦関係と同様に、保護者のどちらかがエデュケーショナル・マルトリートメントをしてしまうと、もう一方の保護者は止めることをしなかったり、できなかったり、あるいは、立場の強い者の暴力のはけ口としてエデュケーショナル・マルトリートメントが行われてしまうことがあります。

### (3) 高い社会経済的地位

たとえば、子どもの保護者や兄弟姉妹に社会経済的地位の高い人や高学歴の人がいると、子どもに対しても同様の職業・学歴を求めたり、それと比較して叱責、叱咤激励して取り組ませたりする状況が生じやすくなります。

このように、家族および家庭の特徴というリスク要因を見ていくと、エデュケーショナル・マルトリートメントが親と子の特徴だけでなく、家族関係のダイナミクスのなかで生じてくるものであることが読み取れます。

## 4. 周辺環境の特徴

エデュケーショナル・マルトリートメントのリスク要因としての周辺環境には、(1) 親族の特徴と、(2) 地域の特徴が含まれます（表3-4）。

### (1) 親族の特徴

ここでの親族とは、同居していない祖父母や保護者の兄弟姉妹とその子ども等を指します。その特徴として、「学歴・社会階層」と「障害」があります。

「学歴・社会階層」は、近しい親族からの影響であり、家庭によって

**表3-4** 保護者によるエデュケーショナル・マルトリートメントのリスク要因（周辺環境の特徴）

| 上位カテゴリー | 下位カテゴリー | 特徴 |
| --- | --- | --- |
| (1) 親族の特徴 | 学歴・社会階層 | 近しい親族に高学歴・高所得・社会的地位の高い職業の人がいる |
| | 障害 | 近しい親族に障害をもった人がいる |
| (2) 地域の特徴 | 家族の住む地域の特徴 | 家族の住む地域が高い社会階層の人が住む高級住宅街等で、中学受験等いわゆる"お受験"をする子どもが多く集まっている地域である |
| | 子どもの通う学校・園・塾・習い事等の特徴 | 子どもが通う学校や園が、偏差値の高い中高一貫校や地域のブランド的価値をもった学校等の附属学校・園であり、学力やブランド価値を重視する価値観をもつ保護者・教育者が集まっている。また、それらの学校・園に通う子どもが通っている塾・習い事も含まれる |

は、保護者が親（実の親や義理の親）から直接子どもの学業成績が低いことを指摘・批判されるようなことや、保護者が自身の兄弟姉妹の子ども（甥や姪）と自身の子どもを比較してしまうということが想定されます。そのなかで、悔しい思いをしたり、競争心を煽られたりすることが、エデュケーショナル・マルトリートメントにつながる要因になります。

「障害」は、近しい親族に障害のある人がいる場合です。たとえば父親の姉に障害があり、父親は自分が不自由なく生活できることに何となく引け目を感じつつ、両親からの「姉の分もがんばれ」というプレッシャーを背負ってきたというような場合です。そのような背景をもつ家庭に障害のある子どもが生まれると複雑な状況となります。父親は、子どもの障害が理解できないのか、わかっていても認めたくないのか、自分のやり方を子どもに押しつけ、母親は、それではうまくいかないことを父親に伝えることも、父親の実家に相談することもできず、父親のエデュケーショナル・マルトリートメントに加担してしまいます。近しい親族との関係が遠因となり、保護者自身や子ども、地域の特徴などと重

なることで、エデュケーショナル・マルトリートメントにつながる要因となります。

## (2) 地域の特徴

地域の特徴には、「家族の住む地域の特徴」と「子どもの通う学校・園・塾・習い事等の特徴」が含まれます。

「家族の住む地域の特徴」については、一般的に、首都圏や主要都市には、自ら選んで受験して入る学校の数が多く、選択肢が多いといえます。そのなかでも社会階層の高い人が住む地域では、望む教育環境を求めて、早い時期から子どもに"お受験"をさせる家族が多い傾向にあります。いわゆるママ友・パパ友関係や近所付き合いのなかで自然と情報交換が行われ、その地域で共有されている価値観が浸透していきます。そして、早期からの受験や習い事が動機付けられていくことになります。

「子どもの通う学校・園・塾・習い事等の特徴」は、家族が居住している地域にかかわらず、"お受験"で入る学校や園を選択して通っているということによって生じてくるものです。子どもがそのような学校・園に通うようになるため、その学校・園独自の文化（価値観や行動様式）のなかで多くの時間を過ごすことになります。また、そこで出会う友だちやその家族、さらにその友だちが通っている塾や習い事での交流によっても、同様にその学校・園に通う家族の文化に触れることになります。そこでの文化交流体験によって、学業成績や学歴、特定の習い事を重んじるような価値観が浸透していくことで、子どもへの過度な期待や強制が正当化されていくことになるのです。

以上のように、周辺環境の特徴を見ていくと、保護者によるエデュケーショナル・マルトリートメントが、いかに環境の影響を受けて生じるかがわかります。保護者個人の特徴も作用しているのですが、それが

エデュケーショナル・マルトリートメントとして顕在化するうえでは、家族や家庭の雰囲気も含めて、これらの環境要因の影響を見逃すことはできません。

## 2 子どもへの影響

　保護者によるエデュケーショナル・マルトリートメントにより子どもに生じる影響には、(1) 内在化問題、(2) 外在化問題、(3) その他の心理的問題、(4) 自己発達の阻害の4つが含まれます（表3-5）。内在化問題と外在化問題は、心理学や医学領域において広く用いられている分類です。これらの症状や行動は、周囲の人からするとやっかいな「問題行動」ですが、現代の日本社会における子どもの状況や保護者によるエデュケーショナル・マルトリートメントの状況をふまえると、苦しい環境に抗いながら適応する過程で生じる行動であり、苦境にある子どもからのSOSであるととらえることが重要です。

**表3-5** 保護者によるエデュケーショナル・マルトリートメントの子どもへの影響

| カテゴリー | 特徴 |
|---|---|
| (1) 内在化問題 | 自己の内側に向かう問題<br>● 情緒：不安、抑うつ、イライラ、集中できない等<br>● 心身症状：腹痛、吐き気、めまい、眠れない、チック等<br>● 対人関係：不登校、引きこもり、社会的場・関係からの撤退等<br>● 自己破壊的行動：自傷行為、自殺企図等<br>● 自己評価：自己評価の低下、他者からの評価を特に気にする等 |
| (2) 外在化問題 | 他者や社会などの自己の外側に向かう問題<br>● 情緒：頑固、言いつけに背く、不機嫌、イライラ、短気、大声で叫ぶ等<br>● 攻撃的行動：物を壊す、暴力等<br>● 反社会的行動：家出、徘徊、万引き、喫煙等 |
| (3) その他の心理的問題 | 上記の内在化・外在化問題とは異なる心理的問題<br>● 反応性愛着障害や解離症状等 |
| (4) 自己発達の阻害 | 主体性や価値観・人生観の形成が阻害される<br>● 自身の好きな物事や活動、自身の進みたい方向性がわからなくなる<br>● 進路選択など重要な物事の決定ができない<br>● 保護者等から言われたことと同じ価値観をそのまま自身の価値観としている |

### (1) 内在化問題

表3-5のとおり、内在化問題は、他人よりも本人に生じるタイプの行動をいいます。

### (2) 外在化問題

表3-5のとおり、外在化問題は、保護者や友人、教師など周囲の他者にとって厄介な行動です。

### (3) その他の心理的問題

その他の心理的問題としては、反応性愛着障害の症状や解離症状が見られることがあります。エデュケーショナル・マルトリートメントをする保護者は、基本的には子どものためを思ってやっているため、これらの重篤な問題が生じることはほとんどないと考えられます。しかし、なかには幼い頃より、くり返し厳しい対応をされていたり、いくら取り組んでも成果が上がらないなどの理由から極端な対応をされていたりする場合があります。その場合は結果として、反応性愛着障害の症状や解離症状が生じる可能性があります。

(1)～(3)は、程度の差はありますが、いずれも明確な形でいわゆる「問題行動」として顕在化しているものです。そのため、周囲の大人から比較的発見されやすい子どものSOSであると考えられます。これらの問題の背景にエデュケーショナル・マルトリートメントやそのリスク要因が存在している可能性を認識しておくことが重要です。

### (4) 自己発達の阻害

自己発達の阻害は、主体性や自分自身の価値観・人生観の形成が阻害される問題で、これに伴って全般的な自信のなさが見られることもあり

ます。

　エデュケーショナル・マルトリートメントは、子どもの側からすれば、幼い頃から学業成績や学歴、職業等、保護者が重視する特定の価値観が押しつけられる行為です。そして、それらを得るために、保護者の管理のもと、保護者が求める学習活動に長時間従事させられます。その分、遊びなどの余暇活動や休息の時間が奪われてしまいます。遊びは自己の主体性を自由に発揮する活動であり、友だちとの関係も含め、発達にとって必要不可欠なものです。そのため、本来ならそこで発揮し、培うはずの主体性は育っていきませんし、保護者の価値観から抜け出せず、自分なりの価値観や人生観を見出していくことも困難です。自分で考えて、選んで、やってみて、その結果を成功も失敗も含めて味わう経験が奪われてしまうからです。

　極端な場合、保護者が敷いたレールの上だけをただ歩かされていて、そこから外れることは許されません。子どもに適性があって、このレールの上を進んでいけるような能力が育っていけばまだよいのですが、そうでなければ、自己を発達させる自由な時間を奪われたうえに、その対価としての成果も得られないため、つらい道のりになってしまうでしょう。==保護者は、子どもの幸せを願っているからこそ、心を鬼にして厳しくするのですが、それがかえって、子どもが自らの人生を切り開いていく土台ともなるべきものを台無しにしてしまっているといえるのです。==これはとても皮肉なことです。

　自己発達の阻害は、前述の3つの心理的問題と比べると、他者に危害を加えるわけでも自分を傷つけるわけでもないため、表面上は穏やかなものととらえられるかもしれません。しかし、「子ども時代を通して最も育てなければならない大切なもの」が阻害されているという意味では見過ごすことはできません。別の見方をすると、前述の3つの心理的問題が早い段階で表現されている場合には、子どもの自己発達がそれなり

に進んでいて、反発するだけの力があると考えることができるかもしれません。その場合は、周囲の大人が子どもからのSOSを適切に受け止めることができれば対応可能でしょう。しかし、わかりやすい形で問題行動や心理的問題をSOSとして出すことができない場合には、周囲が問題に気づくこともできないという危険性があるのです。そのようなことにならないように、子どもにかかわる専門職をはじめ、周囲の大人たちがエデュケーショナル・マルトリートメントの問題を理解し、予防的な取り組みを進めていく必要があります。

## 3 エデュケーショナル・マルトリートメントの改善要因

保護者によるエデュケーショナル・マルトリートメントの消失・改善に関与すると考えられる要因（以下、改善要因）には、(1) 子どもの発達と行動化、(2) 家庭外の理解者の存在、(3) 保護者の変化の3つが含まれます（表3-6）。保護者によるエデュケーショナル・マルトリートメントが消失・改善する過程では、(1)～(3)の順できっかけとなることが多いと考えられます。

ここで紹介するのは、保護者によるエデュケーショナル・マルトリートメントが生じた後の改善要因であるため、エデュケーショナル・マルトリートメントが生じること自体を抑制するような、予防的要因ではない点には留意する必要があります。

### (1) 子どもの発達と行動化

子ども側の要因には、「他者に助けを求める」「子どもが問題行動を出す」「子ども自身の成長」という3つが含まれます。

「他者に助けを求める」は、たとえば、児童相談所や警察、学校の担任や保健室の養護教諭、スクールカウンセラー、スクールソーシャルワーカー、習い事の指導者、近所に住む大人など、家庭外の大人に相談するということがあります。また、子どもの年齢が高くなれば、友だちに相談するということもあるかもしれません。

「子どもが問題行動を出す」は、子ども自身がストレスフルな状況に耐えられなくなって、いわゆる「問題行動」を起こすことによって、自らの状況を明確に外の世界に示し、それによって保護者の理解を促したり、周囲の理解者につながったりするというものです。問題行動には、前述した「内在化問題」「外在化問題」「その他の心理的問題」などがあ

### 表3-6 保護者によるエデュケーショナル・マルトリートメントの改善要因

| 上位カテゴリー | 下位カテゴリー | 特徴 |
|---|---|---|
| (1) 子どもの発達と行動化 | 他者に助けを求める | 子どもが自身の置かれた状況から抜け出すために他者に助けを求める |
| | 子どもが問題行動を出す | 子ども自身が問題行動を出すことによって、自らのストレスフルな状況を明確化し、保護者の理解を促したり、周囲の理解者につながったりする |
| | 子ども自身の成長 | 子ども自身が成長し、以下の行動を示すことで結果的に保護者の理解を促したり、エデュケーショナル・マルトリートメントを無効化したりする<br>● 保護者による虐待的かかわりに反抗することで意思表示する<br>● 自身が保護者の思いどおりにならない年齢に達する |
| (2) 家庭外の理解者の存在 | | 医師や教師、心理士、ソーシャルワーカーなどの専門職やその他、子育てを支援してくれる理解者が存在することで、子どもや保護者自身が直接的・間接的に支援される |
| (3) 保護者の変化 | 保護者自身が理解を示す | 保護者が子どもの状態・要求・特性・能力に目を向けて子どもを理解するようになったり、自身の子どもに対するかかわりやその背後にある自身の特徴について理解するようになる |
| | 片方の保護者がもう片方の保護者をカバーする | 片方の保護者がエデュケーショナル・マルトリートメントをするもう片方の保護者と子どもとの間に入って両者の衝突を防いだり、衝突による被害を抑えたり、エデュケーショナル・マルトリートメントをする保護者が子どもに理解を示すことを促したりする |
| | 保護者自身の子どもへの執着が弱まる | 保護者自身の子どもへの執着や、子どもを通して満たされない自己を補償しようとすることへの執着が弱まる |

ります。

「子ども自身の成長」は、子ども自身が成長し、保護者の行き過ぎたかかわりに抵抗することで意思表示をするというものです。エデュケーショナル・マルトリートメントをしてしまう保護者の場合、子どもが保護者のやり方に異を唱えたくらいでは、容易に聞き入れることはありません。保護者は子どものためを思ってやっているという信念があるた

め、場合によっては、子どもの言い分は「やりたくないがための言い訳」ととらえられることすらあります。

しかし、子どもが成長して保護者に自身の考えや思いを伝えられるようになったり、保護者と対等に議論できるようになったりすると、状況が変わってきます。たとえば、子どもが自身の本当の気持ちを語るとか、将来についてのビジョンを語るといったことです。また、日常生活において子ども自身に任せてもよいことが増えてくると、保護者も成長しつつあるわが子に気づくようになり、一方的に押しつけることを緩めていきます。子どもが一人で病院に通うようになって、少し保護者の手から離れるようになったことが保護者の気づきを促したという例もあります。いずれにせよ、密着状態であった親子関係が分離へと向かうことで、保護者が子どもを一人の人格をもった個人とみなすことができるようになるのです。

### (2) 家庭外の理解者の存在

これは、医師や教師、心理士、ソーシャルワーカーなどの専門職やその他、子育てを支援してくれる理解者が存在することで、子どもや保護者、家族が直接的・間接的に支援されるというものです。子どもによって外部に表出された訴えやSOSを子どもの周りにいる大人が適切に受け止めることで、支援につながります。いじめや暴力行為などに対応していく過程で、それまで見えていなかった家庭の問題が浮かび上がってくることは臨床上よくあることです。専門職につながることで、子どもだけでなく保護者や家族を支えることになり、状況が改善に向かうのです。

### (3) 保護者の変化

保護者の変化には、「保護者自身が理解を示す」「片方の保護者がもう片方の保護者をカバーする」「保護者自身の子どもへの執着が弱まる」

という3つが含まれます。

「保護者自身が理解を示す」は、(1) 子どもの発達と行動化で挙げた子どもの動きがきっかけとなって直接的に生じる場合と、子どもの動きがきっかけとなって、(2) 家庭外の理解者につながり、子どもも保護者も支援されるなかで生じる場合があります。ただし、多くの場合、保護者が自身の問題を振り返って変化していくことは容易ではないため、家庭外の理解者につながって保護者自身も支えられながら理解が進むことが多いと考えられます。

「片方の保護者がもう片方の保護者をカバーする」について、リスク要因のなかの「家族および家庭の特徴」(p61参照) で示したように、エデュケーショナル・マルトリートメントをしてしまう保護者は、アンバランスな夫婦関係になっていることが多いです。そのため、問題の起きた当初から片方の保護者がもう片方の保護者をカバーする状況が見られ、その効果を発揮するという事態はほとんどないのではないかと考えられます。しかし、(1) 子どもの発達と行動化や、(2) 家庭外の理解者の存在が効果を発揮していく過程で、当初は足踏みしていたり、抑え込まれていたりしたもう片方の保護者に変化が見られ、行き過ぎたかかわりをする保護者にブレーキをかけたり、子どもをフォローしたりするようになります。

「保護者自身の子どもへの執着が弱まる」については、(1) 子どもの発達と行動化や、(2) 家庭外の理解者の存在が効果を発揮するなかで生じる場合や、子どもが大きくなって保護者が直接勉強を教えるなどの対応ができなくなる場合、保護者の関心が別の兄弟姉妹に移る場合、保護者自身が疲弊して手を引く場合など、さまざまな場合が考えられます。しかし、エデュケーショナル・マルトリートメントをする保護者のエネルギーの大きさを考えると、他の要因に比べるとそれほど期待できないかもしれません。

## 4 エデュケーショナル・マルトリートメントを生む子ども・保護者・環境の特徴

　第1節で見てきたように、保護者によるエデュケーショナル・マルトリートメントのリスク要因および改善要因は、エデュケーショナル・マルトリートメントに関与する個人・集団と生活環境の特徴を整理した結果得られた、いわば固定的な特性です。しかし、私たちの行動は、個人・集団・生活環境に内在する特性によってのみ引き起こされているわけではありません。それぞれの特性（個性）をもった私たちが環境のなかで出会い、相互にやりとりをするなかで、その時々の状況に即して生じるものです。ここでは、保護者によるエデュケーショナル・マルトリートメントが生じるきっかけとして、流動的・偶発的な「状況的要因」について説明します。そして、エデュケーショナル・マルトリートメントがどのような場合に生じやすく、どのようなきっかけで改善に向かうのかについて、状況的要因も含めて解説します。

### 1. エデュケーショナル・マルトリートメントが生じやすい状況、改善に向かいやすい状況

　保護者によるエデュケーショナル・マルトリートメントの発生とその状況の維持に関与する状況的要因（以下、状況的リスク要因）と、消失・改善に関与する状況的要因（以下、状況的改善要因）は、表3-7のとおりです。

#### (1) 状況的リスク要因

　状況的リスク要因には、「学歴主義・高い社会階層の環境に飛び込む」「"お受験"に挑む」「保護者の疲弊」「周囲の対応の問題」の4つが含ま

表3-7 保護者によるエデュケーショナル・マルトリートメントの状況的リスク要因と状況的改善要因

| 上位カテゴリー | 下位カテゴリー | 特徴 |
|---|---|---|
| (1) 状況的リスク要因 | 学歴主義・高い社会階層の環境に飛び込む | 結婚・引っ越し等により高い学歴や社会階層の地域・人間関係に入ることで、そこで優勢な早期教育・早期受験競争、学歴主義・成果主義・競争主義といった価値観のなかで生活することを余儀なくされる |
| | "お受験"に挑む | 中学受験等のいわゆる"お受験"に挑んだり、合格することで、高頻度の塾通いや早期からの学歴主義・成果主義・競争主義の環境に足を踏み入れ、ストレスフルであるにもかかわらず、教育に投じた金銭的・時間的・労働的コストに見合った成果を期待せざるを得ない状況に追い込まれる |
| | 保護者の疲弊 | 子どもをサポートしていた片方の保護者が疲弊してしまうことで、子どもをサポートしきれなくなって事態が好転しない、あるいは悪化してしまう |
| | 周囲の対応の問題 | 家庭と連携して子どもの教育や支援をするはずの学校・適応指導教室等の教育機関、児童相談所や病院等の福祉・医療機関の対応に問題があるために、問題状況が維持されたり悪化したりしてしまう |
| (2) 状況的改善要因 | 子どもが自由に過ごすことができる時間 | 偶発的にできた時間ではあるが、それを活かすだけの子どもの状態・周囲の状況が準備されて「機が熟す」ことで、子どもが自由に過ごし、そこで主体性を取り戻すことができ、子ども自身の成長につながる |
| | 価値観が揺さぶられる体験 | 子どもやその保護者等家族が重大な出来事に出会い、そのなかで保護者が自身の価値観を揺さぶられるような体験をすることで自身の価値観を点検・修正し、子どもとのかかわり方を変える |

れます。

「学歴主義・高い社会階層の環境に飛び込む」は、たとえば、代々医師の家系出身である夫と結婚したことや、娘を私立の名門幼稚園に入園させたことなどがきっかけとして挙げられます。これにより、保護者は新たな環境の圧力のなかで新しい価値観を受け入れざるを得ず、そこで重視される目標に向かって子どもに学業や習い事を強要してしまいます。状況の圧力というものは強力で、それに抗ったり、環境を変えたり

することは極めて難しいものです。

「"お受験"に挑む」は、保護者と子どもの両方の場合があり得ます。保護者の例では、子どもが苦労の末、中学受験に合格して偏差値の高い中高一貫校に入学した場合などがきっかけとして挙げられます。子どもが入学後、学習レベルについていけず、精神的不調を来して不登校になってしまったとしても、保護者は学業の遅れを心配して行き過ぎた学習活動を続けさせ、塾を休むことも転校することも反対するといった状況が生まれます。

子どもの例では、上記の状況のなかで、不登校状態になってその学校の水準が自身に合っていないということを理解しながらも、やはり学業の遅れを心配して保護者の意向どおりの行動をとります。両者とも、"お受験"によって勝ち取った成果を手放すことができない状況です。もちろん、合格するまでには相当な時間とお金を費やしてきたので、それを無駄にしたくないという気持ちは理解できます。しかし、このような状況に陥ると、子どもの幸せや、健やかな生活や発達といった最も重視すべき価値が覆い隠されてしまいます。ある保護者は、「走り出してしまった電車から降りることはできない」と表現していました。"お受験"は子どもと保護者の話し合いで決めたことだとしても、一度その状況に飛び込んでしまった人たちからすると、そこから抜け出すことは容易にはできないといえます。

「保護者の疲弊」の例としては、早期からの習い事と受験勉強を強要する父親の方針に沿って子どもの塾通いや生活をサポートしつつ、父親からの緩衝材になっていた母親がいました。その母親はついに疲弊し、それまでの役割を果たせなくなってしまったことで、子どもに精神的問題が生じました。そして、それまで何とかバランスが保たれていた家族関係が一気に崩れ、少しずつ子どもへの理解を示し始めていた父親の状態も逆戻りしてしまいました。「保護者の疲弊」によって、好転しつつ

あった状況が膠着したり、歯止めが効かなくなって行動がエスカレートしたりといった結果につながります。

「周囲の対応の問題」は、たとえば、保護者からのエデュケーショナル・マルトリートメントによって保健室登校になった子どもに対して、担任と養護教諭の連携がうまくいかず、子どもを支援するどころか傷つけてしまうことになり、結果的に保護者からの信用も失ってしまうという場合があります。他にも、教師が子どもの発達状況の問題に気がついて医療機関につなげようとしても、医療機関の予約が取れずに医療的対応が受けられないなかで子どもの問題が継続してしまうという場合もあります。

これらの要因は、これまで紹介してきた個人・集団・生活環境に内在する比較的固定的なリスク要因に対して、偶発的に生じる状況的要因で、特に「学歴主義・高い社会階層の環境に飛び込む」と「"お受験"に挑む」といった状況がきっかけとなりやすいと考えられます。これは日本の教育システムが過度に競争的な状態にあり、近年は不況等の不安定な社会情勢も相まって、よりわかりやすい学業成績や学歴を重視する価値観が優勢であるためです。つまり、第1節で紹介したリスク要因がこのような状況的要因を引き寄せるととらえることもできます。両者が組み合わさることで、エデュケーショナル・マルトリートメントが発生したり、状況が改善しなかったりするきっかけとなります。

### (2) 状況的改善要因

状況的改善要因には、「子どもが自由に過ごすことができる時間」と「価値観が揺さぶられる体験」の2つが含まれます。

「子どもが自由に過ごすことができる時間」は、たとえば、心身の不調を来して治療していた子どもが、当初は保護者に連れられて通院していた状態から、たまたま保護者の予定が合わず一人で通院するように

なったことで、通院の前後で自分だけの時間がもてるようになるといった状況があります。通院費の余りのお金でちょっとした余暇を楽しめるようになり、わずかな時間ですが保護者と密着していた状態から離れ、自由な自分を取り戻したことがきっかけとなって改善の方向へと向かうなどです。

「価値観が揺さぶられる体験」は、時に命にかかわるような重大な出来事のなかで、保護者が"傷ついたわが子"の姿に実感をもって出会えた時、保護者の価値観が顧みられる機会になり得ます。なかには、保護者自身が病気になることで、生きることや健康の大切さ、かけがえのなさを身に染みて理解するということもあります。

以上のように、状況的改善要因は、子どもや保護者が変化していく際の偶発的なきっかけであるといえます。これらが機能するためには、たとえ偶発的であれ、それを受け入れる保護者の準備状態が整っていることが重要であると考えられます。そのためには、周囲の人が関係性を築いておく必要があります。改善要因のなかでも、家庭外の理解者の存在が極めて重要で、子どもとかかわる専門職が子どもからのSOSを受け止め、支援できる体制にあることが不可欠です。

## 2. さまざまな要因を組み込んだ仮説モデル

図3-1に、これまで紹介してきたリスク要因と改善要因の関係を示しました。リスク要因は、保護者や子どもの特徴という個人レベルの要因から、家族レベル、地域社会レベルまで多層的な構造になっています（最下段には、より広い社会文化レベルのリスク要因が想定されます）。これらの多層的なリスク要因に加えて、状況的リスク要因の影響が掛け合わされ、上乗せされることでエデュケーショナル・マルトリートメントが生じ、維持されると考えられます。

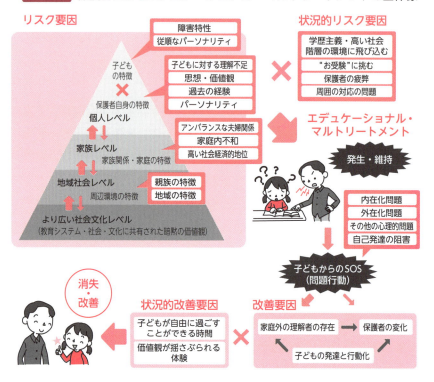

図3-1 保護者によるエデュケーショナル・マルトリートメントの全体像

　私たちは、常にこれらの多層的な環境から大きな影響を受けて生活しています。しかも私たちは、それについて意識することは多くありません。特に、子育ての文脈においては、自身の価値観に無自覚であることが普通ですし、それがさまざまなレベルの環境から影響を受けているなどと考えることはほとんどないでしょう。そのため、保護者によるエデュケーショナル・マルトリートメントが、これらの多層的なリスク要因によって生じていることを知ることはとても大切です。同様に、エデュケーショナル・マルトリートメントが発生・維持された際に生じる子どもの問題行動や心理的問題を、子どもからのSOSととらえ、専門

職が適切に受け止めて子どもと家族を支援していくことがエデュケーショナル・マルトリートメントの消失・改善には必要不可欠です。

　エデュケーショナル・マルトリートメントの全体像を理解することで、保護者とその子どもを支援する際のポイントが見えてきます。また、保護者をエデュケーショナル・マルトリートメントに至らせる環境に目を向けることで、エデュケーショナル・マルトリートメントを予防するような環境づくりへの道が開けるかもしれません。社会を構成するメンバーがこれらのことを知って少しずつでも動き出すことが予防につながります。

# 第4章

# 事例で読む
# エデュケーショナル・
# マルトリートメントの実際

　この章では、事例を通してエデュケーショナル・マルトリートメントの実際に触れます。エデュケーショナル・マルトリートメントの特徴がはっきりと見られるものから、部分的に感じられるものまで、多様な8つの事例を紹介します。いずれも創作事例ですが、さまざまな専門職の臨床経験が凝縮されており、むしろエデュケーショナル・マルトリートメントの本質が浮き彫りになっています。

　これらの事例からは、大人が子どものためを思い、よかれと思って行っていることがエデュケーショナル・マルトリートメントになる場合があること、大人は子どものためになると思い込んでいるため、方針の転換が難しいこと、子どもには「自己疎外」が生じ、自分の思いや考えに基づきながら主体的に生きていくことが難しくなることなどを読み取ることができます。

　さまざまな事例を通して、エデュケーショナル・マルトリートメントの緩和や予防、支援のポイントについて考えていきます。

事例1

# 保健室に通う小学生

　Aさん（小6、女子）は、二人きょうだいの長女です。小さい頃から利発で、周囲の友だちから頼られるばかりでなく、大人からも、「Aちゃんに任せていたら大丈夫」と思われるような子どもでした。学校では成績優秀であり、困っている友だちがいたらそっと手助けができる優しい子どもでもありました。

　そのようなAさんが、ゴールデンウィークを過ぎた頃から、ときどき保健室で休むようになりました。Aさんは保健室で仮眠をとると、少しスッキリした顔をして教室へ戻っていきます。養護教諭が体調について尋ねると、ただ、「しんどい」「休ませてほしい」と言います。週1回のペースで保健室に来るAさんのことが心配になった養護教諭は、スクールカウンセラーに相談しましたが、Aさん本人に、はっきりとした「困り感」がないため、様子を見ることになりました。

　これまでAさんは、学校でも家でも、特に気がかりなことはありませんでした。ただしAさんは、小学4年生の頃から週3日の塾通いを続けており、中学受験に向けて熱心に勉強をしていました。「Aさんは、少し疲れているのかもしれない」と感じた養護教諭は、しばらく何も聞かずにAさんの様子を見守ることにしました。

> 事例の経過

　Aさんは、ゴールデンウィーク明けから、中学受験を終えて卒業を迎える頃まで、週1回のペースで保健室にやってきました。この間のAさんの様子を4つの時期に区切って解説します。

| 5月〜6月 | 6月〜7月 | 9月〜翌年1月 | 1月〜3月 |
|---|---|---|---|
| 心身の疲労を訴える | 苦しい心の内を明かす | 「いちばんでいたい」 | 休む間もなく勉強を続ける |
| 「しんどい」と言ってはじめて保健室に来る。その後も週1回程度のペースで、保健室通いを継続 | 週1回の保健室通いが続き、毎回、自分の気持ちを語り始める。「友だちも、仲間だけどライバル」という言葉が印象的 | 週1回の保健室通いが続く。長時間にわたり、涙を流して勉強のしんどさを語る | 志望校に合格したものの休む間もなく勉強を続ける。「いちばん楽しいのは、一日が終わって布団に入る時」と語る |

## Ⅰ期（5月〜6月）　心身の疲労を訴える

　ゴールデンウィークが過ぎた頃、「しんどい」と言って、Aさんがはじめて保健室にやってきました。養護教諭は、「Aさんが保健室に来るなんて、めずらしいなあ」と思いました。Aさんは1時間ほど仮眠をとると、すぐに元気になって教室に戻っていきましたが、その後も週1回程度のペースで、保健室に来ては、仮眠をとるようになりました。「疲れている？」と養護教諭が尋ねると、Aさんは「うーん」と曖昧な返事をして、首をかしげました。

　それから1か月が過ぎた頃、養護教諭と過ごす時間に慣れてきたのか、Aさんはいろいろな話をするようになりました。たとえば、塾ではとても難しい勉強をしていることや塾での成績がとてもよいことをうれしそうに報告します。さらにその話をするなかで、「お母さんは、敏腕マネジャー。全部、決めてくれる」と言います。学校から家に帰った後の勉強の計画はもちろんのこと、食事や入浴、就寝のタイミングから、

曜日ごとのおやつの内容まで、Aさんの好みを考慮しながら母親が決めてくれるそうです。Aさんはうれしそうに話をしますが、養護教諭は話を聞きながら息苦しさを覚え、Aさんに自覚はないものの、実は「アメとムチ」で管理された生活に苦しんでいるのではないかと感じました。

　その後もAさんの保健室通いが続いたため、養護教諭は、再度、「やっぱり、何か疲れているんじゃない？」と、優しく問いかけました。すると、Aさんは無言で涙を流し、しばらくして、「今がんばったら、後からよいことがあるってお母さんに言われた。お母さんも、私のために自分の時間を犠牲にしている。だからがんばらなきゃ…」と、長時間にわたる日々の勉強や塾通いの大変さに言及しました。養護教諭は、Aさんが、「今」を楽しむことをあきらめ、「未来」のために懸命にがんばっている姿に心が痛みました。

## Ⅱ期（6月〜7月）　苦しい心の内を明かす

　保健室通いが週1回のペースで続くため、担任が母親に現状を伝え、スクールカウンセラーとの面談を提案しました。すると母親はとても心配し、面談を希望しました。母親は面談で、「毎日すごく勉強しているから、疲れているのかもしれない」と言い、Aさんのしんどさを慮ります。また、「仕事と家事、塾の送り迎えで、私もてんてこまい。でも、皆さん（他のお母さんも）、やっているから」と、母親自身の大変さも口にしました。そして娘のAさんについて、「うちの子は、天才タイプではない。だから、よい指導者のもとで、先取りして勉強しておかないと…。私ができることは、体調管理と送り迎えだけだから」と語りました。

　スクールカウンセラーは、多くの子どもが中学受験に挑戦する環境のなかで、乗り遅れまいと必死にがんばっているAさん親子の姿を感じ取

りました。

　一方、Aさんは、毎回、養護教諭に自分の気持ちを語るようになりました。自分が勉強をどれだけがんばっているのかを語るうちに涙が出てきて、養護教諭が「しんどいね…」と返すと、無言で涙を流し続けました。そして、「立ち止まっちゃダメ。テレビも、観るのはNHKだけ。わかっているけれど、つらい…。でも、勉強もやめたくない。勉強しないと不安になる…。いちばんじゃなくなったらどうしようって」と、苦しい心の内を明かします。そして、「友だちも、仲間だけどライバルだから」と言い、常に競争下に置かれ、孤独を感じている現状を養護教諭に打ち明けました。

### Ⅲ期（9月〜翌年1月）　「いちばんでいたい」

　夏休みが明けたあともAさんは、週1回程度のペースで、保健室にやってきました。保健室で仮眠をとることはなくなり、代わりに、長時間にわたって勉強することのしんどさを、静かに涙を流しながら語りました。一方、成績が塾でいちばんであることをうれしそうに報告し、「ほめてもらいたい」という気持ちも伝わってきました。

　秋の修学旅行前には、「修学旅行中に勉強ができないことが不安」と語り、修学旅行に塾の宿題を持参したいと養護教諭に訴えました。養護教諭は、「少しくらい休んでも大丈夫だよ」と伝え、宿題は持っていかないように言いましたが、Aさんは不安でたまらないという表情でした。修学旅行から帰ってきたあと、実は塾の宿題を持参したこと、夜中にこっそり勉強したことを打ち明けました。「勉強しないと不安になる。いちばんを取りたいし、落ちたくない。1日休んだら、気が抜けちゃいそう」と言います。養護教諭は、Aさんがプレッシャーを強く感じながら日々を過ごしていること、常に「いちばんでいること」にこだわり、

張り詰めた緊張感のなかにいることに改めて気がつきました。

　年が明けて、いよいよ受験の日が近づくなか、Aさんは、「本番で風邪を引いたら大変だから、しばらく学校を休むと思う」と言い、実際に10日間ほど学校を休んで体調を万全に整え、受験に臨みました。担任も、母親から「受験に万全の態勢で臨みたいから」との欠席連絡を受けていました。

## Ⅳ期（1月～3月）　休む間もなく勉強を続ける

　受験が終わり、Aさんは晴れやかな表情で保健室を訪れ、第1志望の中学校に合格したことを報告しました。そして、休む間もなく、中学生になったら通う予定の塾の説明会に行き、すでに勉強を始めていると話しました。「みんな、すごい（勉強を）やっているから。私もがんばりたい」と。

　休むことなく勉強を続けるAさんの姿に養護教諭は驚き、思わず、「休憩も大事だよ。Aさんは何をしている時がいちばん楽しいの？」と尋ねました。すると、「んー、勉強の合間にゲームをしたり、YouTube観たりする時かなぁ…。そうそう、いちばん楽しいのは、一日が終わって、布団に入る時。『ああ、もうこれで今日は何もしなくていい』って思えるから。ぐっすり寝るだけでいいんだって思うと、ホッとする」と語りました。養護教諭は、Aさんががんばり過ぎているように感じ、寝ることがいちばん楽しいというAさんの言葉に、複雑な思いを抱きました。そんな養護教諭の気持ちをよそに、Aさんは、「努力は裏切らないと思う。努力すれば、必ず道は開ける。私は将来、お母さんがなりたくてもなれなかった『医者』になりたい」と言います。養護教諭は、一層、複雑な気持ちを抱き、聡明でしっかり者のAさんにとって、自分の腹の底から沸き起こってくる「本当にやりたいこと」は何だろう？　周

囲の大人の期待に応えるのではなく、Aさんが自分の思いに従って生きていくことができれば…と感じました。

　卒業前に、母親がスクールカウンセラーとの面談を希望し、来校しました。「（受験に）合格して安心している。将来の夢に一歩近づけた。親戚からのプレッシャーもあったからホッとしている」とにこやかに語りました。そして、「本人が学校生活を謳歌できるよう支えるのが親の役目。送り迎えとお弁当づくりをがんばりたい」と話しました。

　「子どもが潰れないよう、親としてできることはありますか？」と真剣な表情で尋ねる母親の姿に、スクールカウンセラーは、Aさんの母親が、「子どものため」にやれることは何でもやりたいと心から願っていることを感じました。そして、このような純粋に子を思う親心が、かえって子どもの負担になることもある、とも感じました。そこで、「Aさんが、『しんどいなあ、疲れたなあ』と思った時に、ちゃんと休めることが大事だと思います。そのためには、お母さんがお手本となり、無理をせず、時にはしっかり休みをとる姿を見せるのが大事かもしれません。お母さん自身が、日々の生活をまずは楽しんでほしいです」と伝えました。母親は、「子どものためにがんばることばかり考えていました。予想外のアドバイスでしたが、心がけます」と話しました。

### 支援のポイント

#### ◆安心・安全な居場所を保障する

　Aさんは聡明で心優しく、素直な女の子です。母親も、「子どものため」を思って純粋に、Aさんをサポートしてきました。養護教諭が感じ取った「『アメとムチ』で管理される息苦しさ」は、このような母娘関係のなかでこそ、起こりやすいのかもしれません。Aさんのような子どもと出会ったとき、養護教諭をはじめ学校現場の専門職は、どのような

支援ができるでしょうか。

　Aさんは保健室にやってきた時、まずは仮眠をとり、しばらくして、苦しい心の内を吐露するようになりました。この時養護教諭が行ったのは、Aさんの苦しみを察知し、Aさんが心身を休め、心の内を語れる"安心・安全な居場所"を提供することでした。決して、根掘り葉掘り詮索するのではなく、ありのままのAさんを認める態度でAさんを受け入れたことが、心身ともに疲れきっていたAさんの状態がこれ以上悪くならないよう、守る働きをしたのでしょう。保健室は子どもたちにとって、そのような"安心・安全な居場所"になり得ると考えられます。

　一方、母親は、Aさんのためを思い、中学受験に合格するべく生活を細やかに管理していました。そしてAさんは、母親を「敏腕マネジャー」と言い、同時に、母親が自己犠牲的に自分のために時間を割いてくれていると感じ、申し訳なさを感じながら無理をして勉強に励んでいる側面もありました。母娘が半ば一体化しながら、1つの目標に向かって突き進んでいる時、母も娘も、それぞれに少しずつ自己犠牲を払っています。このような渦中にある母娘に対して、他者が介入することは容易ではありません。

　もしできることがあるとすれば、そのような母娘を見守り、娘が、母親の意向とは異なる考えや意見をもち始めた時にそれを支持し、娘の母親からの分離（＝自立）を促すことです。また、母親に対しては、多くの人が受験をするという外的環境の影響を受けて増大している不安や焦りを受け止め、少しでもその不安や焦りが鎮まるのを待つことでしょう。言うまでもなく、母親を責めたりとがめたりするのではなく、日本の受験システムや教育産業のあり方など、多様な外的条件によって、母親の不安が増大せざるを得ない状況を慮ることです。不安や焦りというものは、誰かにそれを受け止めてもらえると、今度は自分でそれらの不安や焦りをしっかり認識し、手放すことができるようになります。不安

や焦りのないニュートラルな目で、子どもをありのままに見ることができるようになると、自己犠牲的に子どもを支えるのではなく、適度な距離感で子どもをサポートしたり、子どもに委ねたりすることができるようになります。つまり、母親自身もまた、安心・安全を感じられる場で自らを振り返り、思いを語ることが重要であり、それが現状の改善に結びつくといえるでしょう。

### ◆ひたすらがんばることの是非

　Aさんは「努力は裏切らない」と言い、努力することが得意でもあり、誰よりもがんばり屋さんです。また、母親も同様に、一途に娘をサポートしています。目標に向かって、素直にまっすぐ努力し続けられることはすばらしいことであり、特に学校教育では高く評価されます。しかし一方で、Aさんは、「寝るのがいちばん楽しい」と思うほど疲れきっており、保健室で休む必要もありました。仕事熱心な大人が、心身の疲労がピークに達して無気力になることをバーンアウトといいますが、Aさんもバーンアウトに陥りかねない状態だったといえます。Aさんがバーンアウトに陥らずに済んだのは、学校で、「しんどいから休ませてほしい」と言い、仮眠をとることができたからでしょう。つまり、まずは「しんどいなあ」と気づくこと、自分の身体感覚に意識を向けることが、バーンアウトを未然に防ぐポイントになります。

　また、そもそも努力とは、心を無にして、やらなければならないことをひたすらやり続けることではなく、好きなことに夢中で取り組んだ結果、それが「努力」になった、というのが理想の形ではないでしょうか。もちろん、好きなことも集中して長く続けると疲れが生じるので、休むことは必要です。また、嫌いなこともある程度、やらざるを得ない場合があります。いずれにせよ、Aさんの話を聴く限り、Aさんにとっては、勉強量という意味でも勉強時間という意味でも「多すぎる」よう

に感じられました。これを「ほどよい」量、「ほどよい」時間数におさめるのに、自分の身体の声を聴く（＝自分の身体の感覚に合わせる）ことはとても役立ちます。これを習慣化すると、大人になって仕事をするときにも役立ち、バーンアウトしない働き方にもつながるでしょう。母親が適度に休みを取りながらがんばる姿を見せることが、がんばりすぎる傾向にあるAさんにとっては、重要な学びになると考えられます。

### ◆「視野」と「価値観」の広がりをつくる

　小さな子どもを育てる親が子育てについて語り合ったり、サポートを受けたりする場は地域にもたくさんあります。しかし、就学後の子どもについて、子育ての悩みを語る場は、案外少ないように思います。ママ友は、互いの子育てをサポートし合う最強の仲間ですが、受験という競争原理が強く働く場では、ざっくばらんに語り合うことが難しい場合もあるのかもしれません。Aさんが、塾の友だちは「友だちだけどライバル」と言い、孤独を深めていたように、母親同士の関係性もそう単純ではないのかもしれません。もちろん、「競争」があるからこそ、互いに切磋琢磨するところもあるので、「競争」も大切だろうと思います。ただ、過度の競争は神経をすり減らすばかりでなく、他者との協調・協働を阻み、孤独を生みます。母親（父親も含め）が、孤独にならずに、子育てについてざっくばらんに語り合うことは、視野と価値観の広がりをもたらすと推測されます。したがって、==子どもがある程度大きくなってからも、そのような場をつくっていくことが、エデュケーショナル・マルトリートメント的な状況を未然に防ぐには重要といえそうです。==

　また、この事例のように、学校現場において、スクールカウンセラーなどの専門職が、保護者の思いや不安を受け止めつつ、新しい考え方や価値観を具体的に伝えることも役立ちます。他者の考えに触れることによって、少なくとも、1つの価値観に囚われて視野が狭くなるのを緩和

することにはつながるでしょう。この事例でいうと、「子どものためにできるだけがんばりたい」と思っている母親が、「疲れたら休む姿や人生を楽しむ姿を子どもに見せることこそ大切」というスクールカウンセラーの考えに触れることによって、ものの見え方や考え方が少し広がったかもしれません。やはり多様な価値観に触れることのできる体制をつくっていくことが、エデュケーショナル・マルトリートメントの予防につながるといえるでしょう。

> **まとめ**
> 
> ✓ 子どもにとって安心・安全な居場所を提供する。
> ✓ 保護者が適度に休みを取りながらがんばる姿を見せることも大切。
> ✓ 保護者が子育てについて、多様な価値観に触れることができる環境をつくることが、エデュケーショナル・マルトリートメントの予防につながる。

事例2

# 院内学級に通う小学生

　Bさん（小5、女子）は、脳腫瘍の治療を受けるため、小学5年生の1学期に大学病院の院内学級に転校してきました。Bさんは幼い頃から習い事や塾に通い、成績も優秀で、両親にとって自慢の子どもでした。しかし、出会った頃のBさんはおとなしく、どこかオドオドした印象でした。自分の意思を伝えることはほとんどなく、大人の言うことをすべて受け入れるような雰囲気でした。

　中学受験を予定していたため、両親は診断後も学習の遅れを気にしていました。しかし、Bさんの病状の重篤さを知るなかで「これまで疲れすぎていたのではないか」と、塾や習い事で追いつめられていたBさんの生活を振り返ります。そして、Bさんの回復を一心に願い、中学受験をやめるなど、Bさんへのかかわり方も変わっていきました。

　両親からのプレッシャーがなくなったためか、Bさんは、壮絶な治療を受けながらも、自分の思いを言葉にし始め、前向きに治療に向き合っていました。そして、病状の軽快とともに元の小学校に復帰します。復帰後のBさんは、体調の安定を図りながら、友だちと一緒に楽しい学校生活を送りました。そして、自分で決めた地域の中学校に進学しました。

> 事例の経過

大学病院に入院後、院内学級でBさんにかかわった経過を5つの時期に区切って解説します。

| 6月～10月 | 11月～翌年2月 | 3月～6月 | 7月～12月 | 翌年1月～ |
|---|---|---|---|---|
| 「学習の空白期間を避けたい」 | これまでの生活を振り返る | 「今」を大切にする | Bさんの思いを尊重する | 自分の道を自分のペースで歩む |
| 母親は、Bさんの病状より、学習の遅れや成績の低下が気になっている | Bさんは、病気をきっかけにこれまでの生活を振り返り、「忙しかったなあ」と感じている | Bさんと母親は、今やりたいことをベッドサイドで、一緒に楽しむようになる | 支援者らは、Bさんの思いを第一に、地元の学校への復帰を調整する | 退院後、Bさんは、自身の思いや考えを基軸に、生き生きとした毎日を過ごし、両親もそれを見守る |

## I期（小学5年生の6月～10月）　「学習の空白期間を避けたい」

Bさんは、小学5年生の6月に激しい頭痛と嘔吐があり、診察を受けたところ、脳腫瘍の診断を受けました。緊急入院後、発熱や嘔吐、倦怠感など重篤な副作用を伴う放射線治療や化学療法を受けることになり、地域の小学校から院内学級に転校することになりました。

Bさんはおとなしく、母親が本人の思いを代弁するような状況でした。当初、両親は「院内学級（特別支援学校）」への転校となると本人の履歴に差し障りがあるのではないかと、院内学級への転校を躊躇していました。しかし、放射線治療や化学療法が順調に進んでも8か月、時には1年を超える入院が必要となるとの説明を受け、学習の空白期間ができることを危惧して院内学級への転校を選びました。このとき、両親がBさんの思いを確認することはありませんでした。

院内学級では、Bさんの放射線治療や化学療法に伴う副作用（易感染状態）のため、ベッドサイドでの授業が中心で、母親はずっと付き添っ

ていました（授業の際は保護者に退室を依頼するのが基本ですが、本人や保護者の不安や心配が大きい場合は同席を認めます）。母親は、授業内容や進め方について、元の小学校や塾での学習と比較し、教師にさまざまな意見や要望を出しました。Bさんはそれを黙って聞いています。母親からの無言の圧力に対するBさんの緊張感が伝わってくるようでした。

　この時期の母親は、Bさんの病気よりも学習の遅れや成績が下がることへの不安と焦りでいっぱいだったように感じられました。

## Ⅱ期（小学5年生の11月～2月）　これまでの生活を振り返る

　Bさんの体調によっては、授業がスムーズに進まないこともありました。授業のキャンセルも多く、付き添う母親の焦りが感じられました。しかし、Bさんの状態が決して楽観できるものではないことを主治医から告げられるなかで、両親は、徐々に「勉強どころではない」という思いを抱くようになりました。そして、母親は「無理をしなくていいから」という言葉をBさんにかけるようになりました。この頃から、Bさんのペースに合わせた学習ができるようになっていきました。ある日、母親の学習への思い入れがふっと切れたのか、ベッドサイドでの授業が始まると、「私、（病室から）出ますね。そのほうが本人も勉強しやすいと思うので」と、授業中はロビーなどで過ごすようになりました。

　Bさんとの授業は楽しいものでした。Bさんは、いろいろなことに興味・関心が高く、授業が終わると毎回、さまざまな話をしてくれました。当初のおとなしい印象とは正反対のとても快活な様子で、動物が大好きなこと、将来は獣医になりたいことなど、話は尽きませんでした。

　Bさんが自分のことを語り始めた頃、入院までの日々について自ら話すことがありました。「毎日忙しかった。幼稚園の時からピアノや英語

の習い事があって、小学校に入ると塾にも通うようになったの。中学校は『中高一貫校を受験するように』と言われて。友だちと遊ぶどころか、自分の時間もなくて。毎日が疲れてくたくただった。でも、『（塾や習い事を）やめたい』とは言えなかった」「病気になったのは忙しすぎたからじゃないかと思っている。身体も心もヘトヘトだった」「お母さんも近頃そう言っている。『忙しすぎたのかも。休む時がなかったものね』って。入院したことで、習い事はすべてやめることになったよ」。

　脳腫瘍などの命にかかわる病気を患った子どもの保護者は、「どうしてこうなったんだろう。何が悪かったんだろう」と、自責の念からさまざまに自分たちのことを省みる傾向があります。Bさんの両親もそうでした。病気になるまでの日々を振り返るなかで、「将来のため」に、塾やたくさんの習い事をしていましたが、それはオーバーワークだったのではないかと、Bさんが身体的にも精神的にも追いつめられていた状況が浮かび上がりました。Bさんが元気な時は、両親も本人も「これがあたりまえ」だと思っていたでしょう。もちろん、オーバーワークだったから病気になったというような単純な因果関係があるわけではありませんが、少なくとも今、命にかかわる病状に直面し、改めて、これまで無理しすぎていたことに気がついたのではないでしょうか。

### Ⅲ期（小学5年生の3月〜6年生の6月）　「今」を大切にする

　Bさんはとても優秀で、体調がよい時は自分で学習を進めていました。学習内容の理解も深く、好きな勉強にはとても積極的で教科書以外の内容を自分で調べ、教師に伝えてくれることもありました。

　あまりにも熱心に勉強に取り組むBさんの姿に、母親が「もう勉強はしないで」と言うこともありました。そのかわり母親は、折り紙など、Bさんが「やってみたい」と言うことに一緒に取り組むようになりまし

た。折り紙の本を買ってきて、難易度の高い作品を一緒につくり、病室中に飾るなど、母親は、意図してBさんとの時間を楽しむようになっていきました。入院当初の指示的な言葉やピリピリした雰囲気もなくなり、Bさんはリラックスして病室で過ごし、定期的な放射線治療や抗がん剤等の化学療法に向き合っていきました。壮絶な治療でしたが、Bさんは、弱音も吐かず、前向きに病気と闘っていました。そこには、ありのままのBさんを受け入れ、Bさんに寄り添い、一緒に病気に立ち向かおうとする母親の支えがあったように思います。

### Ⅳ期（小学6年生の7月〜12月）　Bさんの思いを尊重する

　Bさんの治療は順調ではありませんでした。高熱や副作用のため治療を中断することも度々ありました。両親は、同じ病気の子どもが命を失う現実を目の当たりにするなかで、「何とか助かってほしい」と、ただそれだけを願っていました。「元気になってくれれば、それだけでいいんです」と、母親は教師に話しました。「もう、あの子につらい思いはさせたくない」と、勉強漬けで追いつめられていたこれまでを振り返るような言葉も聞かれました。

　Bさんの治療は、入院当初の予定よりはるかに長引いていましたが、6年生の夏休みを迎える頃には、退院の目途が立ってきました。夏休み後の2学期から元の小学校への復帰が可能になったのです。

　入院当初の両親の様子からは、すぐにでも元の小学校への復帰を希望することが予想されましたが、意外なことに、実際には3学期からの復帰を希望しました。それは「すぐに元の小学校に戻ることに不安がある。体力や勉強に自信がない。しばらく院内学級に通いながら、前の学校に戻る自信をつけたい」というBさんの思いを尊重した結果でした。また、主治医も「本人の気持ちを大切にすることが、今後につながるの

ではないか。勉強は今の環境でもできる」と、Ｂさんと両親の思いを後押ししました。父親は「元気で学校に通うことができれば何よりです。中学受験はもういいんです」と、笑顔で話しました。

　Ｂさんは、しばらくの間、特例で自宅から院内学級に「通学」することになりました（基本的には、退院後は院内学級への通学は認められません）。その間に、通常の学校生活を送ることができるよう体力の回復に努めました。学習面では、復帰後の学習状況を見据えて、元の小学校の課題やテストを院内学級で受けるなど、Ｂさんは少しずつ復帰に向けて自信をつけていきました。そして、卒業を控えた６年生の３学期に復帰しました。

　この時の表情は明るく、友だちとの学校生活をとても楽しみにしていました。両親も安心して復帰できることを喜んでいて、Ｂさんを信じる両親の思いが感じられました。

### その後（小学6年生の1月〜）　自分の道を自分のペースで歩む

　Ｂさんは、元の小学校への復帰後も、通院を続けながら自らの意思でさまざまなことに積極的に取り組んでいました。何より友だちとの時間を楽しく過ごしていました。まだまだ生活上の規制はありましたが、友だちと一緒に卒業できることをとても喜んでいて、卒業生を送る会などの行事にも参加し、小学校最後の思い出をつくっていました。体力面の課題もあって、塾や習い事に通うことはありませんでしたが、両親は楽しく学校生活を送っているＢさんの姿に喜び、あたたかく見守っていました。

　地域の中学校に進学したＢさんは、母親と一緒に院内学級を訪れ、中学校の様子を報告し、清々しい表情で「行きたい高校をめざします」と、力強く言いました。母親からは「きっとより多くのことを経験でき

ると思います」と、前向きにBさんを応援する言葉がありました。この時も、Bさんを信じ、本人のしたいように日々を送ってほしいという思いを感じました。

　その後Bさんは、体調を大きく崩すこともなく、中学校生活を満喫しました。高校受験では、第1希望の進学校に合格し、新しい一歩を踏み出しました。獣医になるための大学をめざすと、はりきっています。

　病気の発症、院内学級への転校、病気と付き合いながらの復帰、幼い頃からめざしていた中学受験の断念など、中学までのBさんの日々は順調ではなかったかもしれません。しかし、希望する高校に進学し、今、自分の道を自分のペースで確実に歩み出しています。

## 支援のポイント

### ◆ 本人や両親の不安に寄り添い、支える

　病気の発症と入院治療は、本人にとっても家族にとってもこれまでの日常から急に切り離される出来事でした。診断後の動揺は計り知れません。病状や治療、将来に対する不安など、絶望的な時間を過ごしたことが想像できます。特に、Bさんの両親には、「あたりまえ」であった勉強ができなくなることへの焦りが感じられました。そこで、「入院しながら小学校と同じ学習ができます。安心してください」と声をかけ、実際に、ベッドサイドで通常の小学校と同じような学習を展開していきました。Bさんの両親にとっては、「学習の保障」が支援の第一段階でした。

### ◆ 本人、両親の気づきを受け止める

　病気や入院など、日常生活が一変する出来事が、これまでの生活を振り返ったり、人生を問い直したりするきっかけになることもあります。

　この事例では、命にかかわる重篤な病状だったこともあり、本人も両

親も、これまでの生活を真摯に問い直しました。教師は、その話に耳を傾け、Bさんには「よくがんばってきたね」と、両親には「ひたむきに努力するお子さんだったのですね」と、これまでの状況を否定することなく受け止めました。そして、「今は、治療をがんばっていて立派です」と、今、この瞬間もがんばっていることを伝えました。勉強をがんばることだけが評価されるわけではないことを共有できたと思います。

### ◆今、大切にすべきことを一緒に考える

「今、何が大切か」「今、何が幸せか」という問いに対して、「あたりまえ」の生活のなかでは、社会的評価が判断基準となりがちです。Bさんと両親は、病気や入院をきっかけに、改めて「今、何が大切か」「今、何が幸せか」を自分自身に問いかけることになったのではないでしょうか。

入院することで、それまでと変わらない学習はできなくなりましたが、入院したからこそできる活動や学習もありました。Bさんは、ありのままの自分の気持ちに向き合い、「やってみたい」「こんなことを勉強してみたい」と思うことに取り組むことができました。それができる環境と時間が、院内学級にはあります。

院内学級の教師は、Bさんの興味・関心のあることを共有し、一緒に取り組むかかわりを続けました。そのなかでBさんに笑顔が戻りました。気がつくと、母親も一緒にその時間を楽しむようになりました。つらい治療のなかで塾や習い事、学校の勉強に追われていた日々とは違う穏やかで楽しい時間を見出していったのです。将来のためではなく、「今」を生き、楽しい時間を過ごすことを親子で実感しているようでした。この経験が、次のステップにつながることを教師は信じ、また本人も両親も「今、大切なこと」を考えるようになっていきました。

結果的に両親は、その時々の本人の思いや主治医の意見に耳を傾け、

体調や学習面の不安を解消してから元の学校へ復帰することを決めました。この決断は、Bさんの両親が、目の前の子どもをありのままに受け入れ、Bさんにとって今、大切なことを選択するという考え方に変わった結果だったのではないでしょうか。

### ◆ 本人の姿から、両親の価値観のとらえ直しを支える

　Bさんの「世界」はとても豊かでした。本来のBさんの持ち味だったに違いありません。両親は、いつの日からか成績がすべてになってしまい、Bさんの豊かな世界に目を向けられなくなっていたのかもしれません。母親は、Bさんの退院後に、「私も夫も社会でいろいろな挫折や試練を経験してきました」と語りました。両親は自分の思うような人生ではなかったことに挫折感を抱いており、「成績優秀であれば、社会的に高い地位が得られる」という思いで生きてきたからこそ、「子どもには同じ思いをさせたくない」「親が教育環境を整えれば、優秀な成績を収められる」と考えたのでしょう。両親のその思いは、ひとり娘のBさんにすべて注がれ、Bさんも必死に応えようとしてきたのです。今、母親は「この子が、この子らしく生きてくれることがいちばんうれしいです」と語り、Bさんも「好きな勉強ができて、楽しいです」と、高校生活を謳歌しています。

　教師は、これまでの母親の人生観に耳を傾け、「Bさんは困難を乗り越えて、自分の道を歩み出しています。すばらしいことです。心から尊敬します」と、新しく一歩を踏み出したBさんにエールを送りました。

**まとめ**

- ✓ 子どもと両親の不安を受け止め、支える。
- ✓ 今、大切にすべきことを一緒に考える。
- ✓ 子どもの姿から、両親の価値観のとらえ直しを支える。

> 事例 3

# 市の教育相談機関に親子で通う中学生

　Cくん（中1、男子）は、二人きょうだいの長男です。小さい頃から本を読むことが大好きで、物静かで争いを好まないおとなしい性格でした。地域の小学校に入学したCくんは、周りの友だちの影響もあり、小学3年生から塾に通い始めました。6年生の時には、土日は弁当2つを持参して、朝・昼・晩と猛勉強を重ね、念願の難関中学校への入学を果たしました。

　しかし、中学1年生の夏頃から腹痛でポツポツと学校を休み始め、冬にインフルエンザに罹患したことをきっかけに、パタッと学校に行けなくなってしまいました。心配した母親が、中学2年生になる前の春休みに、スクールカウンセラーから教えてもらった市の教育相談機関にCくんと一緒に相談に行き、心理面接がスタートしました。

　小学校時代に通っていた塾は、常に成績順位が掲示され、Cくんにとっては、つらい環境だったかもしれません。また、成績が振るわないと、母親は過度な叱責を行っていました。「何で、もっとがんばれなかったのか」とCくんを責めたり、反応の乏しいCくんにイライラして、短時間ではあるものの外へ閉め出したこともあったそうです。一方、合格した時には、母親は泣きながらCくんと抱き合って喜び、「一緒に合格を勝ち取った気分だった」と、後に語りました。

## 事例の経過

母親の心理面接（週1回、50分）とCくんの心理面接（週1回、50分）を、約1年間かけて、それぞれ39回実施しました。その全経過を5つの時期に分けて解説します。（　）の中は第何回目の心理面接で語られた言葉であるかを示しています。

| 第1回〜7回 | 第8回〜15回 | 第16回〜29回 | 第30回〜34回 | 第35回〜39回 |
|---|---|---|---|---|
| 「子どもの将来のため」 | 母親の焦り | 「Cに悔しい思いをさせたくない」 | Cくんの思いを知る | 母親のあきらめと再出発 |
| 母親は「この学校に通うことが子どもの将来の幸せにつながる」と考えるが、Cくんは学校に行けない | 焦る母親とは対照的に、Cくんは自室にこもる。心理面接では、自分の疑問や考えを語り始める | 母子がそれぞれに、自らのあり方を振り返り、苦悩を語る | 母親はCくんが死を思うほどに悩んでいることを知り、「ただ、Cがいてくれるだけでいい」と気づく | 母親は、「子どもは思いどおりにはならないんだなあ」としみじみ語り、Cくんは、軽やかに新たな一歩を踏み出す |

### Ⅰ期（第1回〜7回）　「子どもの将来のため」

#### 母親の心理面接

Cくんの母親は、華美でも簡素でもない整った服装をしており、物腰も柔らかく社交的な印象でした。しかし話し始めると、Cくんの状態に対する不安と焦りがあふれ出します。「Cはどちらかというと、手のかからない子だった。それが突然、学校に行けなくなって…」（第1回）。「せっかく入った学校なのに、もったいない」（第3回）。「なんとか行けるようにならないでしょうか」（第5回）と、気持ちをカウンセラーにぶつけます。「学習の進度が速くてどんどん進んでいくから、学校に戻れなくなるかも。それが怖いんです…」（第5回）。

また、この学校で過ごすことが「Cの将来のためになると思う。"今"

のことだけじゃないんです。きっと先々に役立つ人間関係とか、そういうものも培えると思うんです…」と語り（第7回）、Cくんの将来を思う親心がひしひしと伝わってきました。

### Cくんの心理面接

　母親とは対照的に、Cくんはエネルギーが枯渇しており、ほとんど話をしません（第1回）。家着のまま、何とか外に出てきたような姿で来室することが続き（第1〜3回）、カウンセラーは「よく来たね」と、毎回、労いの言葉をかけました。ほとんど話をしないCくんですが、カウンセラーの問いかけにはポツポツと返事をします。そして、徐々にCくんのほうから好きなアニメや漫画の話をするようになります（第5回〜）。

## Ⅱ期（第8回〜15回）　母親の焦り

### 母親の心理面接

　Cくんの母親の焦りはピークに達し、「どうしたら学校に行けるのか、何か手立てはないか。Cだけが取り残されているようで不安」と語ります（第11回）。そして家でも、Cくんに学校に行くよう促したり、行けないCくんを責めてしまったり、親子関係がぎくしゃくし始めます（第12回頃）。第14回目の心理面接では、「Cが（今さら学校に行っても）勉強についていけないと言うので、家庭教師をつけようと言ったら、Cは何も答えずに、部屋にバリケードをつくってこもってしまった」と語りました。Cくんは食事も自室で食べるようになり、母親はCくんと話す機会が減りましたが、心理面接には二人で通うことができていました。

### Cくんの心理面接

　この頃になるとCくんは、心理面接にも慣れ、好きなアニメや漫画

（特に、スポーツ関係が多い）について、徐々に熱く語り出します（第10回前後）。バレーボール等の競技にかかわる話をする時には、アタックを打つそぶりをするなど、エネルギーが芽生えつつあるように感じられました。そして第13回目の心理面接では、はじめて学校の話題になりました。「友だちに、何で勉強するの？　って聞いたら、医学部に行きたいって。何で医学部？　って聞いたら、『マジでウザい質問』って嫌がられて」とつぶやきます。「大事なことを聞いたのに、そんな返し、ないよなぁ」とカウンセラーが返すと、Ｃくんはうんうんと二度うなずきました。カウンセラーは、少しずつＣくんが大事な話をしてくれるようになってきたと感じました。

## Ⅲ期（第16回〜29回）　「Ｃに悔しい思いをさせたくない」

### 母親の心理面接

　Ｃくんが自室にこもるようになり、母親は、焦る気持ちよりも落ち込む気持ちのほうが強くなっていきました。「同じ塾だったお友だちは、皆、順風満帆…。どこで子育てを間違えたのか…」と涙ながらに語り（第16回）、カウンセラーは「どこも、何も、間違っていないと思います」と返しました。また、「私は学歴もないし、いろいろ悔しい思いをしてきた。子どもにはそんな思いをさせたくない。（義理の）両親も、私のことは少し見下しているところがある」と言い（第20回）、夫や夫の両親の意向に沿うために、子どもに中学受験などを勧めてきた経緯があると打ち明けます。カウンセラーは、まずは母親自身がありのままの自分を肯定し、自分の考えや思いを大事にしながらＣくんと接することが大切であると感じました。

### Cくんの心理面接

この時期Cくんは、積極的に自分の思いや考えを語り、たとえば、勉強する意味がわからないこと、将来何をしたらいいのか見つけられないこと、ときどき死にたくなること、親を憎み切れないことなどを語りました（第18回〜）。そして、それらをカウンセラーに対して語るだけではなく、アプリを使って絵や文章で表現し、SNS（ソーシャル・ネットワーキング・サービス）で発信するようになり（第23回頃）、それらを見た人からの反応（"いいね"や"こんな若者がいるなんて、日本も捨てたもんじゃない"など）を受けて、自分を肯定し始めます（第23回頃〜）。外面上、Cくんは自室にこもっていますが、部屋の中ではSNSを使って活動を開始しており、その姿は、落ち込む母親とは対照的でした。

## Ⅳ期（第30回〜34回） Cくんの思いを知る

### 母親の心理面接

母親は、Cくんが出したごみ袋の中に走り書きを見つけ、そこには「ぼくは何のために生まれてきたのか。心を殺して生きるくらいなら、死んでやる。でも死ぬのは怖い…。それに、死ぬ前にやりたいことをやってから死にたい」といったことが書かれていたと言います（第31回）。母親は深く動揺し、「Cがいなくなったらどうしよう…」「Cが何を考えているのかわからない。近くにいるはずなのに、塀の向こう側にあの子がいるような、そんな遠さを感じる」と語ります（第31回）。カウンセラーは、母親の不安はもっともであると受け止め、「Cくんなりに道を模索していて、懸命に生きようとしている。しっかりした息子さんだと思う。Cくんの思いを聞いていけるといいですね」と伝えました。母親はその後、夫婦で話し合い、「Cがここにいてくれる、それだけでいい」とCくんに伝えました。そして、Cくんも交えて家族で話し

合い、地域の公立中学校に転校することを決めました（第33回）。

### Cくんの心理面接

　Cくんは、母親の様子とは対照的に、自室でますます積極的にSNSで発信中です。活力もかなり増している印象があります（第30回〜）。そして、第33回の心理面接では、「地元の公立に転校することになりました。そろそろ始動です」とさっぱりした表情で報告してくれました。

## V期（第35回〜39回）　母親のあきらめと再出発

### 母親の心理面接

　母親は、「子どもは思いどおりにならないとつくづく思う。もどかしいような、寂しいような、でも仕方がない…」と語ります（第35回）。「今まで親子でがんばってきたこと、Cくんが勉強で努力してきたこと、何一つ無駄なことはなかったと思う」とカウンセラーが伝えると、母親は涙ぐみながらうなずきます。「中学校に合格した時、Cと一緒に合格を勝ち取った気分だった。私はCに安泰な道を準備してあげたかった。でもCにとっては、そうじゃなかった…」と、あきらめの表情で語りました。また、地域の公立中学校への転入手続きをするなかで、「これからどうなるのか怖い気持ちもある。思い描いていた道から逸れるんだなあ…と。でもこれからは、Cがしたいと思うことを応援する、それだけでいいんですよね？」と、不安そうにカウンセラーに確認し、カウンセラーが「それでいいと私は思います。それにCくん、しっかりしている。だから、きっとちゃんと自分で考えて、困った時にはまた相談もしてくれると思う」と返しました。

　最終回（第39回）では、母親は「子どもが大きくなるにつれて、親がしてやれることがだんだんなくなってきたなあって…」としみじみ語

り、カウンセラーは、子離れに伴う親の気持ちに共感を覚えました。

### Cくんの心理面接

母親とは対照的に、Cくんは転入する公立中学校やアニメの話をし、終始、軽やかな印象です（第35回〜）。そして最終回（第39回）では、「ぼくって頭いいと思う？」とカウンセラーに尋ね、「いいと思うよ。すごくちゃんと考えていて立派だなぁって心から思う」と返すと、ニコッと笑ってうなずきました。カウンセラーは、Cくんの様子から、新生活への不安はあるものの、何とかそれを払拭し、勉強してきた自分を肯定して前へ進もうとしていることを感じました。

## 支援のポイント

### ◆ あたりまえの親心が子どもを追いつめることもある

Cくんの母親は、「わが子には、自分が経験してきたような悔しい思いをさせたくない」「わが子の将来に役立つように」という親心から、Cくんのために教育環境を整えてきました。このような思いは、親なら誰もが抱く感情ではないでしょうか。しかし、物静かで争いを好まないCくんにとっては、小学3年生からの頻回な塾通いや競争的な環境、中学入学後のハイペースな学習進度は心身を疲弊させ、生きる意欲さえ奪う結果になりました。支援の経過のⅠ期で、エネルギーが枯渇し、家着のまま来室したCくんの様子と、登校復帰を焦る母親の様子は対照的であり、親心が、かえって子どもを追いつめる場合もあることが見て取れました。

### ◆ 子どものペースで学ぶことができる環境をつくる

もちろん塾に通うこと自体が問題なのではなく、また、どの程度の学

習環境(学習内容や学習方法、学習進度など)が子どもの心身の疲弊・バーンアウトにつながるのかは、子どもによって異なるだろうと思います。しかし、少なくともCくんにとっては、自身の限界を超えていたと推測されます。ここに、エデュケーショナル・マルトリートメントを防ぐ1つのポイントがありそうです。つまり、子どもの様子をよく見て、どのような学習環境が子どもに合うのかを見極めることが重要です。どのような学習環境が適しているのかについては個人差があり、子ども自身が「学ぶ」という体験を味わい、自分なりに消化できる環境を整えることが大切です。

　学校や塾の教師など教育にかかわる専門職は、親と子の不安を煽って学ぶことを強いるのではなく、子どもが学びを味わい、自分なりのペースで学びを深められる環境をつくっていくことが重要です。「なぜ学ぶのか」をともに考え、「学ぶことの楽しさ」や「わかることの喜び」を体験し、生涯にわたって学ぶことのできる人を育てることが、本来、教育に携わる専門職の仕事といえます。このことがしっかり根付くためには、受験制度そのものが変わる必要もありますが、まずは、教育に携わる専門職や親の意識が変わることが、その実現のための一歩になると思います。

## ◆ 無意識に親の価値観を押しつけてしまうこともある

　エデュケーショナル・マルトリートメントから脱するポイントとして、Cくんの母親も語っていましたが、「親にとって安泰と思う道が、必ずしも子どもにとってそうであるとは限らない」ということに気がつくことも大切です。子どもの年齢が低ければ低いほど、親子は一体的な関係になりがちであり、子どもを自分とは別の存在ととらえることが難しくなります。無意識のうちに、子どもの思いを無視して、親の価値観やコンプレックスに基づく「こうあるべき」を押しつけてしまうことがあり

ます。

　親は子どものためと信じて疑わず、親が願う幸せと子どもが望むことは異なる場合があるというごくあたりまえのことを忘れてしまい、親心や、時には親の願望を子どもに押しつけてしまうのです。しかし、事例ではⅡ期で、母親が焦りから家庭教師をつけようとしたときに、Ｃくんはバリケードをつくって自室にこもり、母を拒絶します。これは、おとなしく争いを好まないＣくんがはじめて示した親に対する「No！」だったかもしれません。このことで母親は深く傷つきますが、同時に、「子どものため」と思ってしてきたことが本当にそれでよかったのかを振り返るきっかけとなりました。

### ◆子どもからの「拒絶」に自立への兆しを見出す

　Ｃくんはこの時期に、「なぜ勉強するのか」という問いを友だちにぶつけたエピソードを語りました。これは、敷かれたレールの上をひたすら走り続けてきたＣくんがはじめて抱いた"疑問"であり、母親（の価値観）からの分離の兆しといえます。バリケードをつくって母親に「No！」と示したことも、母親の価値観を否定し、自分なりの考えをもち始めたことも、どちらもＣくんの自立への一歩といえます。そしてある意味、不登校というやり方で、与えられたレールの上を走ることに「No！」と言ったことも、自立に向かう大きな成長の流れのなかで起こった出来事といえそうです。このように、一見ネガティブに見える出来事に、自立への兆しという肯定的な動きがあることに気づくことも、支援者の重要な役割です。

### ◆子どもとの分離に伴う喪失感を母親と共有する

　ただし、このタイミングで、Ｃくんが自立に向かっていると母親に伝えたとしても、母親はピンとこないでしょう。むしろ、自分の不安な気

持ちをわかってもらえなかったと不信感を抱くかもしれません。したがって、カウンセラーの考えを必ずしも母親に伝える必要はなく、子どものためを思って教育環境を整えてきた母親の気持ちをていねいに受け止めながら、親と子は別個の存在であるという親自身の気づき（事例においては、「塀の向こう側にあの子がいるような、そんな遠さを感じる」「子どもが大きくなるにつれて、親がしてやれることがだんだんなくなってきた」）を共感的に理解し、子どもとの分離に伴う喪失感を共有することが大切です。

## ◆子どもにとって安心・安全な環境を保障する

子どもの心理面接では、子ども自身が元来有する自然な発達（自立）が促されるよう安心・安全な環境を保障し、子どもが自由闊達に心を動かし、存分に試行錯誤できるよう支持していきます。この事例では、Ⅲ期頃から、Cくんのエネルギーが回復し、自室にこもった状態とはいえ、SNSを使って活動的な日常を送るようになりました。このように、親子の一体的な関係が終わり、親と子がそれぞれ別個の存在でありながら互いを思い合える、より成熟した関係性へと移行することが、エデュケーショナル・マルトリートメントの改善につながります。このような親子関係の変容過程において、親の喪失感を支えながら子どもの自立を促すことが支援者の役割といえます。

## ◆「生まれ変わる」ほどの心の組み換えを見守る

Cくんの母親は、偶然、Cくんが死を思うほど将来について悩んでいることを知り、深く動揺します。そして「ただCがいてくれる、それだけでいい」ことに気がつき（Ⅳ期）、それをCくんに伝え、Cくんの気持ちを第一に考えて転校を決めます。これを受けてCくんは、より一層、かつての母親の願いや思いから距離を取り、自分なりの道へと進ん

でいきました（Ⅴ期）。

　このように、子どもが親の価値観に護られて生きてきた時期から自立へと向かう時、象徴的に、新しい自分として生まれ変わるほどの心の組み換えが起こることがあります。このような「死と再生」が、あくまで心の次元で体験されるよう、親もカウンセラーも、子どもの自立を慎重に見守ることが大切です。Cくんは、心理面接の終盤になるほど、軽やかな印象が増し、自立へ向かう様子が感じられましたが、それを手放しで喜ぶのではなく、よい方向へと変わる時にこそ生じる心の不安定さにも目配りすることが、カウンセラーとしての重要な役割です。

### まとめ

- ✓ 子どものペースで学ぶことができる環境をつくる。
- ✓ 子どもからの「拒絶」に自立への兆しを見出す。
- ✓ 親子関係の変容に伴う親の喪失感を支え、子どもの自立を促す。

事例4

# 夏休み明けから突然、学校を休み始めた中学生

　Dさん（中2、女子）は、父親、母親との三人家族です。中学2年生の2学期から突然、学校を休み始めました。

　Dさんの通う中学校では、いじめや虐待、家庭の生活困窮、ヤングケアラーなど、教職員が生徒の心配な状況に気づいた時点で、チームで生徒支援を行う校内体制を築いてきました。「日ごろから生徒が先生に相談しやすい学校」をめざして検討を重ねるなかで、今年度から「児童の権利に関する条約」（以下、子どもの権利条約）に基づくプログラムを実施することになり、DさんもスクールソーシャルワーカJ（以下、SSW）によるこの授業を受けました。

　このプログラムは、「困った時や悩んだ時に大人に相談することや、疑問に思ったことを尋ねることの大切さを明確に伝えること」および「学校の内外にある相談できる場所や利用できる制度を具体的に伝えること」を目的として実施されました[1]。

1）金澤ますみ・長瀬正子・山中徹二編著『学校という場の可能性を追究する11の物語―学校学のことはじめ』p229、明石書店、2021年

## 事例の経過

Dさんは1学期の終わりに「子どもの権利」に関する授業を受けました。その後、夏休み明けから突然、学校を休み始めます。ここでは、Dさんが学校を休み始めてから、担任、生徒指導担当、SSW、学校内の支援チームの連携により、SSWによるサポートがスタートするまでのかかわりを解説します。

| 1学期末 | 2学期はじめ | 2学期初日から1週間後 | 2学期初日から3週間後 | 2学期初日から1か月後 |
|---|---|---|---|---|
| **Dさんが「子どもの権利」について知る** | **DさんからのSOSサイン** | **あふれる思いを語る** | **母親の動揺と友だちとの関係の修復** | **SSWによるサポートの始まり** |
| 学校で「子どもの権利」に関する授業を受け、友だちの相談の付き添いとして保健室に来室する | Dさんが2学期の初日から学校を欠席。教師とSSWの家庭訪問に、Dさんが母親や友だちとの関係に悩んでいることが明らかになる | 勉強優先で友だちとあまり遊べなかったこと、親に「がんばること」ばかり求められて苦しかったことを泣きながら語る | SSWが母親の動揺を受け止め、母親もDさんのサポートを学校に委ねるようになる。一方で、友だちとの関係修復後も、Dさんの欠席は続く。 | 教師とSSWが連携しながら、Dさん親子への支援を開始する |

## Dさんが「子どもの権利」について知る

1学期の終わりに行われた子どもの権利に関する授業では、「意見表明権」(子どもの権利条約第12条)を紹介し、SSW、スクールカウンセラー(以下、SC)や養護教諭に相談する具体的な方法も伝えました。授業の翌日、Dさんと友人のEさんが、養護教諭に相談したいと保健室を訪れました。相談内容はEさんの母親の病気のことであり、DさんはEさんの付き添いとして来室しました。

Eさんへの支援は、家族との関係調整や他機関との連携を必要としたため、養護教諭と担任が主にEさんの話を聞き、教育相談担当が保護者

に連絡をとりながらSSWにつなぎました。その結果、家族は学校以外の支援者とつながり、2学期からEさんは安心して学校生活を送ることができました。Eさんは、学校では「支援が必要な生徒」として認識されていなかったため、教職員はプログラムの重要性を改めて確認しました。

## DさんからのSOSのサイン

　一方、2学期の初日から、Dさんが5日間連続で欠席しました。担任は母親に電話をして、Dさんの欠席が続いていることを心配していると伝えました。母親は「実は、Dが夏休みの自由研究が終わっていないから学校に行かないと言い出して、そのことで口論になり、その日からほとんど口を利いてくれません。でも、夫とも話をして、明日には必ず学校に行かせます」と話しました。

　担任は、「宿題はできていなくても心配しないでほしいと伝えてください」と言って電話を切りましたが、Dさんは成績もよく、これまで宿題もきちんと提出していたため、何かあったのではないかと心配になり、生徒指導担当に相談しました。生徒指導担当は、担任、学年主任、SSWとも1学期の情報を共有しましたが、要因は見当たりませんでした。しかし、Dさんが理由もなく欠席するとは考えられないため、欠席はDさんのSOSサインととらえ、友人関係や家族関係、いじめ被害、夏休み中に何かあったのかなど、あらゆる可能性を視野に入れる必要性を共有しました。そして、Dさんの気持ちを聞く機会をもつことを第一に優先すること、翌日も欠席であれば、家庭訪問をしたい旨を保護者に伝えることとしました。

### 母親からの電話と家庭訪問

　Dさんは翌日も登校してきませんでした。そこで生徒指導担当、学年

主任、SSW、教頭が臨時に集まり、対応を話し合っていたところ、Dさんの母親から電話がありました。母親は取り乱した声で「学校に行くと約束したのに、私が仕事を早退して帰ってきたら家にいた。思わず声を荒げてしまって、Dが泣きわめいて手に負えない」と訴えました。電話の向こうからは、Dさんが「勝手なこと言うな!」と大声で叫び、何かを投げつけているような音もしました。生徒指導担当と学年主任、SSWがすぐに家庭訪問をすると伝えました。

Dさんは母親に教科書や参考書を投げつけたようで、部屋に物が散乱していました。Dさんは激しく泣きながら「お母さんは約束を守らない。私の気持ちを勝手に決めつけるな!」と母親を罵倒し、母親も泣きながらDさんを怒鳴りつける状況でした。生徒指導担当らが親子の間に入り何とか落ち着きましたが、Dさんは自室にこもってしまいました。

母親は、「Dはこれまで反抗したことはなく、こんなことは信じられない。自由研究もしていないし、学校に行かないなんて…」と落胆していました。「お父様はどのようなお考えですか」と聞くと、Dさんのことは母親に任されているとのことでした。生徒指導担当は、母親をねぎらいながら、「私たちもDさんが抱えている思いに気づけませんでした。学校としてのかかわりも、ご両親と相談しながら考えさせてください。まずは、Dさんの気持ちが大事だと思いますので、Dさんに話がしたいと声をかけてから帰ってもよいですか」と聞くと、母親は「お願いします」と応じました。

生徒指導担当がDさんの部屋のドア越しに、「先生はDさんのことが心配で、話を聞かせてほしいと思っています。お母さんには、Dさんの気持ちが大事なので、Dさんと話をさせてほしいとお願いしました。話したくないことは話さなくてよいので、明日、会いに来てもいいかな」と聞くと、少し間が空いてから「わかりました」と返事がありました。

翌日、家庭訪問の前に母親に電話をして、生徒指導担当とSSW、担

任の三人で訪問することを伝えました。Dさんには、担任も心配しているので一緒に行ってもよいかと確認し、了解を得ました。

　家に着くとDさんは自室にいましたが、生徒指導担当と担任が声をかけると、すんなりとドアを開けてくれました。担任が「入っていいかな」と聞くと、うなずいたため、母親にも許可を得て、Dさんの自室で担任と生徒指導担当が話を聞くことになりました。その間、SSWは母親と一緒にリビングで待つことにしました。

### 夏休みの出来事

　Dさんの話から、Dさんが抱えていた思いの一部がわかりました。

　Dさんは、「夏休みに同じ部活の友だちと自由研究を一緒にやろう、夏祭りにも一緒に行こうという約束をした。友だち同士で出かけるのははじめてで、反対されると思ってなかなか母親に言えなかった。やっとの思いでそのことを伝えると、塾のテストで上位の成績がとれれば行ってもよいと言われたので必死にがんばった。しかし、約束した順位に入ったのに、1教科だけ上位に入れなかったことを理由に、結局行かせてもらえなかった。自由研究のために友だちと集まる約束も、『自由研究は一人でもできる。夜に出歩くような子たちと付き合っていたら成績が悪くなる』と叱責され、みんなとの約束を破ってしまった。みんなにどう思われているのかと思うと、怖くて学校に行けなかった」と話しました。

　担任は、「一人で悩ませていたことを申し訳なく思っている。これからのことを一緒に考えていきたい」と伝えました。そして、「部活の友だちとはどうしたいかな」と聞いたところ、Dさんはしばらく考えて、自由研究のことで迷惑をかけたので謝りたいが方法がわからないこと、友だちのEさんが「大丈夫？」と連絡をくれたが返事ができておらず、無視したように思われていないか不安であることを教えてくれました。

## あふれる思いを語る

　母親については、「約束を破ったうえに友だちを悪者呼ばわりする。私の考えは聞かず、勝手に決めつけてばかり。どうせお母さんに言ってもわからないので、自由研究ができていないから学校に行かないと言ったら、『それくらい早く終わらせなさい』と叱られた。何を言っても無駄だと思ったら話す気力がなくなった」とのことでした。

　生徒指導担当が「話してくれてありがとう。実は昨日のDさんの様子に驚いていて、でも、きっと何か理由があるはずだと思っていた」と声をかけると、Dさんは目に涙を浮かべながら、「お母さんは、私の気持ちには興味がない。1学期の授業で子どもの権利を知り、これまでがまんしていた自分の気持ちに気づいた」と堰を切ったように話し出しました。

　小学生の頃から塾や習い事が優先で友だちがいなかったこと、遊んでいる同級生がうらやましかったこと。それでも塾や学校のテストの点がよいと両親からほめられることがうれしくて、勉強をがんばってきたこと。習い事の楽器が上達せず、一度だけ「やめたい」と言ったが「練習が足りないから上達しない」と取り合ってもらえず、中学入学を機に「勉強をもっとがんばりたい」と言ってようやくやめることができたこと。中学の部活の入部も、はじめは許してもらえなかったが、成績がよければ認めると言われ、2年生になってやっと入部できたこと。そこではじめてできた友だちを悪く言われ、付き合いをとがめられて悔しかったことなど、次から次へとあふれる思いを話しました。そして、「成績がよくても私の人生は真っ暗。勉強する意味がわからなくなった」とつぶやきました。

## 母親の動揺

　SSWは母親とリビングで待っている間に、改めてSSWの役割を話し

ました。この学校では、欠席している子どもへのかかわりが多いこと、欠席理由は一人ひとり違うため、保護者と協力しながら子どもが安心して学べる方法を見つけていきたいと考えていること、暮らしに必要な制度やサービスを調べるサポートをしていることなどです。そして、Dさんや両親の了解が得られれば、今後も一緒に考えていきたい旨を伝えました。また、母親に「お仕事をしていると伺いましたが、今日は、お休みをとってくださったのですか。お仕事の調整も大変だったのではないでしょうか」と尋ねると、母親の表情が少しゆるみ、この数日間の苦労を話してくれました。

　そうしている間に、Dさんと担任らが話を終えリビングに戻ってきました。Dさんは何も話さないため、担任がDさんの許可を得て母親にDさんの思いを伝えました。母親は、はじめて聞く子どもの思いに動揺し泣き崩れました。母親が落ち着いてから、生徒指導担当が「Dさんとも話したのですが、Dさんと部活の友だちとのことについて、どのようにサポートできるか考えていきたいと思っています」と伝えると、母親は力ない声で「お任せします」と答えました。

## 友だちとの関係の修復

　学校では、Dさんへの今後のかかわりについて話し合いました。集まったメンバーのほとんどが「あのDさんが、そんな思いを抱えていたなんて」と驚いていました。「Dさんはやればできる生徒ですから、甘えているだけではありませんか」という発言もありましたが、教頭が「私も始めはそう思っていました。でも、成績がよくて目立った問題がない生徒は心配はないと、何の根拠もなく信じていたのかもしれません」と話し、SSWが「『勝手に決めるな』というDさんの言葉は、私たち教職員にも向けられているのかもしれません」と、これはDさんとそ

の家族だけの問題ではないことを指摘しました。

　これがきっかけとなり、「成績のために、学校でも自分の気持ちを押し殺してきたこともあるかもしれない」「子ども同士の遊びやケンカの経験が少ないことで、友だちとの付き合い方を学ぶ機会がなかったかもしれない」と仮説を立て、Dさんへのサポートを考えることにしました。

　担任と部活の顧問は、いじめの可能性も考慮しながら部活のメンバーからそれぞれ話を聞きました。その結果、友だちもDさんを心配していたことがわかりました。生徒指導担当は母親に状況を伝え、一方で、担任と部活の顧問は、Dさんの希望も聞いたうえで、放課後にDさんと部活の友だちが会える機会をつくりました。Dさんは担任の力を借りて友だちに気持ちを伝えることができました。

## SSWによるサポートの始まり

　Dさんが抱えていた不安の大きな理由の1つが解消しましたが、Dさんの欠席は続きました。そのことで母親の不安はさらに大きくなり、母親から生徒指導担当に「SSWさんが欠席している子どもにかかわっていると聞いたので、Dにも会ってもらえませんか」と相談がありました。

　母親の依頼を受けて学校内の支援チーム会議が開かれました。SSWはDさんへのかかわりについて「Dさんは気持ちを尋ねられた経験や、自分の意思で何かを選択する経験がほとんどなかったようです。それでもDさんは、自分で考えて答える力、『わからない』ことやその理由を言葉にする力をもっています。まずは、Dさんが自分の気持ちを言ってもよいと思えるような関係をめざすことを母親に提案したいと思います」と考えを話しました。それに対して生徒指導担当から「Dさんと母親の願いが一致しないことがこれからも出てくるでしょうから、私は母親の気持ちを聞く役割として連絡の窓口になろうと思います」と申し出

があり、その方向性が共有されました。

　後日、生徒指導担当とSSWが母親に会い、SSWのDさんへのかかわりについて説明しました。母親は概ね納得しましたが、高校受験を心配して進路についても聞いてほしいと希望しました。SSWは、「Dさんと関係を築くなかで、勉強や進路についても話せるようになることをめざしたい。まずはDさんがSSWと会ってもよいと思うかどうか、Dさんの意思を尊重したい」と伝えました。そして、登校させるためや勉強をさせるためではなく、学校を休んでいる間の過ごし方や困っていることがあれば一緒に考える存在としてSSWのことを伝えてほしいとお願いしました。また、SSWが訪問する日に、Dさんが会う気になれない場合は無理して会わなくてもよいことも伝えてもらいました。

　ここからDさんへのSSWのかかわりが始まりました。

## 支援のポイント

### ◆ 多様な価値観を知る機会をつくる

　子どもの権利条約第12条の「意見表明権」は、子どもは、自分に関係のあることについて自由に自分の意見を表す権利をもっており、大人が、子どもの年齢や子どもの発達に応じて、子どもの意見に耳を傾け、子どもに「聴かれる環境」を提供する必要があることを示しています。

　この事例では、母親の評価基準である成績の良し悪しがDさんの行動基準であったため、Dさんは自分の気持ちを伝えることや、自分の意思で何かを選択する機会がないのが日常でした。そのため、Dさん自身がそのことに疑問を抱くこともありませんでした。しかし、Dさんは「意見表明権」について学び、これまでがまんしていた自分の気持ちに気づいたと言います。この学びによって、「成績がよくても私の人生は真っ暗。勉強する意味がわからなくなった」と勉強することの意味を考え、

母親に対して、はじめて自己主張をするきっかけとなったことがわかります。母親に対しては、「私の気持ちには興味がない」と言っていますが、これは「私の気持ちに関心をもってほしい」というDさんの願いでもあるでしょう。子どもが「子どもの権利」について学ぶ機会をもつことが、子どもの成長発達や人格形成にとても重要であることがわかります。

## ◆ 大人に相談する難しさの構造を理解する

　人は、悩みや困りごとを自覚してはじめて、誰かに相談するかどうかという選択をします。Dさんの友だちのEさんは授業をきっかけに、相談することの価値を知り、相談する相手や方法がわかったことで、養護教諭という家族以外の大人に相談するという選択をしました。この視点に立ったとき、子どもは「相談できない」のではなく、「自分に権利があること」や「意見を表明する権利」「相談できる場所・人・内容」を教えられてこなかったのだと気づかされます。

　一方で、Dさんが大人に相談をすることには、より高いハードルがあったと想像できます。誰かに相談できるのは、それ以前に気持ちを話して聞いてもらえたという関係性がある場合や、信頼する人からの紹介などがある場合ではないでしょうか。Dさんには、誰かに自分の気持ちを話す経験がほとんどありませんでした。そのため、夏休みに友だちとのこと、母親との軋轢、宿題を提出できないことなどが重なり、自分のなかで生じた気持ちを整理すること自体が簡単ではなかったのでしょう。

　さらに、Dさんは勉強することの意味を見失い、「成績評価を行動基準としてきた自分」との間に葛藤が生じています。学校の成績評価が親の評価と連動することがわかっているDさんには、宿題を提出していないことで成績評価が下がり、そのことで親に叱責されないかどうかが大きな不安要素になります。そのため、部活の友だちとの関係修復だけでは学校に行くことができませんでした。このような悩みの性質から、成

績評価者である教師は相談相手の選択肢になりにくいのです。Dさんは担任や生徒指導担当のかかわりによって、気持ちを話すことができましたが、エデュケーショナル・マルトリートメントの影響を受けた子どもが、成績評価を行う立場の教師に相談することが難しい本質的な構造を理解する必要があります。

### ◆ 学校という社会の影響を自覚する

　勉強をがんばることや、成績がよいことが悪いのではありません。しかし、学校には、先生たちが意識しなければエデュケーショナル・マルトリートメントを助長してしまうような条件がさまざまに存在します。Dさんのチーム支援会議で、「成績のために、学校でも自分の気持ちを押し殺してきたこともあるかもしれない」と発言した先生がいました。教育に携わる専門職は特に、宿題の量や内容、授業の進め方、進路指導のあり方などがエデュケーショナル・マルトリートメントに大きな影響を与えることに自覚的であることが求められます。

　このように、エデュケーショナル・マルトリートメントは、保護者だけの問題ではなく、受験システムや産業構造との関連で生じている社会の課題でもあります。Dさんの母親が成績にこだわる理由や父親の意向はわかりません。それでも母親は、仕事を調整して子どものために先生たちやSSWと話す時間を捻出しています。両親が、どのようにDさんの成長を願い、育ててきたのか、家庭の教育観を教えてもらえるような関係を築く過程で、教職員と両親がDさんに必要な教育を共有する糸口が見つかるのではないでしょうか。

> **まとめ**
> - ✓ 子どもが多様な価値観を知る機会をつくる。
> - ✓ 教師や周囲の大人に相談する難しさの構造を理解する。
> - ✓ 学校という「社会」がエデュケーショナル・マルトリートメントに与える影響を自覚する。

# 事例 5

## 学生相談室に通う大学生

　Fさん（大学3年、女子）は、二人姉妹の長女です。小さい頃から関心があることは自ら図鑑で調べるような、知的好奇心の強い子どもでした。医師である父親とは、幼少期からほとんどかかわりがありませんでしたが、母親からはことあるごとに医師という職業のすばらしさを伝えられ、Fさん自身も将来は医師になるものと思っていました。

　小学校高学年からは進学塾が生活の中心となり、母親に強いられて、毎日、深夜まで勉強することが習慣となっていました。無事に難関の中高一貫校に合格・進学しましたが、高校生になり、母親が妹の受験に熱心になる一方で、Fさんへのプレッシャーが減ると、Fさんは勉強に身が入らなくなりました。同時に不安や気分の落ち込みがあり、成績も頭打ちとなって、大学の医学部受験に失敗してしまいました。その後、浪人を経て、不本意ながら難関大学の理系学部に進学しました。

　大学ではサークル仲間と楽しく過ごす時期もありましたが、将来への不安が高まるようになり、学業も手につかない日が増えてきたということで、自ら学生相談室を予約し、来室しました。心理面接を重ねるなかで、徐々に、エデュケーショナル・マルトリートメント体験が明らかになっていきました。

> **事例の経過**

大学3年生で最初に来談してから大学院に入学するまで心理面接（概ね2～3週間に1回、60分）を約2年間かけて41回実施しました。その経過を6つの時期に分けて解説します。（　）の中は第何回目の心理面接で語られた言葉であるかを示しています。

| 第1回～6回 | 第7回～15回 | 第16回～19回 | 第20回～28回 |
|---|---|---|---|
| 将来への強い不安を訴える | 思考の「クセ」に気づく | 家族関係を語る | Fさんのエデュケーショナル・マルトリートメント体験 |
| Fさんは、カウンセラーに、将来への不安や自己否定的な話を時間いっぱいまで語る | 信頼関係ができてきたタイミングで、カウンセラーは、Fさんの否定的な思考パターンを指摘する | Fさんは、子どもの頃、勉強漬けの毎日を送っていたこと、暴言・暴力を振るわれていたことを語る | Fさんの自己肯定感の低さに、カウンセラーは、子ども時代のエデュケーショナル・マルトリートメントの影響を感じる |

| 第29回～35回 | 第36回～41回 |
|---|---|
| 「勉強が楽しい」 | はじめて自分の進路を選択する |
| 過去の体験を話してすっきりしたのか、Fさんは、自分の興味・関心に沿った勉強を始める | Fさんは、自分の興味・関心に沿って進路を決め、母親にも報告する |

## Ⅰ期（第1回～6回）　将来への強い不安を訴える

　Fさんは、地味な色合いの服装で化粧も控えめでした。他者に自分のことを話すことには慣れていないようでしたが、将来の不安について語り出すと思いがあふれ、時間いっぱいまで話が止まりませんでした。カウンセラーは、ひたすら話を聴くという姿勢で臨んでいました。
　Fさんが語るエピソードは、どれも自己否定的な内容でした。たとえ

ば、「自分のような価値のない人間が社会にいることは迷惑をかけてしまう」（第1回）、「自分みたいな人間は働くことなんかできない」（第2回）といった自分を無価値化するような語りが顕著に見られました。さらに、「人に迷惑をかけてしまうという思いが強くて、LINEの返信にも非常に時間がかかる」「今の自分のことを知られると恥ずかしい気持ちがある」（第4回）など、否定的な自己概念が、対人関係にも負の影響を及ぼし、悪循環を生んでいるようでした。サークルの仲間などの親しい友人にも自分の話はしないと言います。

　この時期カウンセラーは、毎回、Fさんの将来への不安を含む負の感情やエピソードを受け止め続けました。事象に対する極端なとらえ方が気になっていましたが、この時点では感想程度に伝えるにとどめていました。心理面接の主体がFさんにあるということを明確にすることが特に重要と考え、教示的なかかわりは最小限にしました。一方で、Fさんが自身の感情に圧倒されずに話ができるようになれるとよいと考え、あえて話の枝葉の部分に関する質問をしたり、趣味の話をしたりしました。つまり、適宜、ニュートラルな対話を挟むことで、Fさんが感情に飲み込まれずに、落ち着いて話すことができる時間を意図的につくりました。Fさんは、回数を重ねるごとに、自分から趣味の話をするようになっていきました。

### Ⅱ期（第7回～15回）　思考の「クセ」に気づく

　Fさんは、「私が困ったり、苦しむことは、迷惑をかける人間なので受け入れるしかないと思っていて」（第7回）、「実験がうまくいかない。結局、社会不適合者だから、卒業はしないほうがよいということだと思っている」（第11回）など、相変わらず、自分が社会にとって不要な人間であり、社会に迷惑をかける人間であるという信念めいた思いをく

り返し語ります。

　他方、将来や社会に出てからのことだけでなく、現実の大学生活について語る時間も増えていきました。「教授（指導教員）から私のような人間は期待されていない」（第8回）、「サークル仲間から連絡があったが返事ができなかった」（第9回）など、現実生活における不安についても語るようになりました。大学生活での具体的な心配や不安の話題が多くなってきたため、カウンセラーはそれらに焦点を当てた話題を深めようと試みました。しかし、どのエピソードも自己肯定感（自己価値感）を下げる語りに帰結してしまい、カウンセラーは、何度も途方に暮れる感覚を覚えました。

　このようなやりとりを続けるなか、徐々に、Fさんの考え方の「クセ」について話題にできるようになっていきました。たとえば、「研究室ミーティングで発表したがうまくできなかった。研究室メンバーにまた迷惑をかけてしまっている…。どうせ私は社会に役立たない人間だと思うので、この研究をやめたほうがいいと思う」（第14回）と語るFさんに対して、カウンセラーが「先生やメンバーに直接、内容についてダメ出しされた？」と尋ねると、「何も言われていない」とFさんは返します。そこでカウンセラーは、それはFさんの考え方の特徴なのではないかと指摘しました。次第に、Fさんからも自身の考え方の「クセ」に対する気づきが語られるようになりました。

### Ⅲ期（第16回〜19回）　家族関係を語る

　Ⅱ期でFさんの極端に飛躍しやすい思考の「クセ」について気づきが得られたものの、心理面接では、変わらず将来への不安や葛藤が多く語られていました。また、「妹からは何度も『絶対に就職して』と言われている」（第17回）と話すなど、現実生活では、妹から卒業後の進路に

ついてプレッシャーを受けていました。両親の折り合いが悪く、母親との暮らしが長かったことは聞いていましたが、それまで家族の話が出ることはほとんどありませんでした。そこで、このタイミングで「ご両親とは、卒業後のことを話しているの？」と聞いてみました。Ｆさんの不安や極端な考え方の背景を知りたかったこともあり、家族の話題に触れるのは、結果的にちょうどよいタイミングだったように思います。

　Ｆさんは両親との関係はあまりよくないと答え、「私がどうなろうと関心はないと思う。医学部に入れなかったので、子育てを失敗したと思っていると思う。医学部に入れなかった私が悪いのですが…」（第18回）と話します。Ｆさんは、小学校低学年から進学塾に通い、高学年からは、ほぼ休むことなく、勉強漬けの日々を過ごしていました。家では母親がＦさんに付きっきりで勉強を教えていたようですが、塾での成績が悪いと「夜ごはんがなかったり、叩かれたり、暴言はあたりまえだった」（第18回）と語ります。

　この時期のＦさんは、過去の母親のかかわりが、Ｆさんの自己肯定感の低さに影響しているとは自覚していませんでした。また、現在の母親との関係の希薄さは、医学部受験に失敗した自分に原因があると考えていました。カウンセラーは、これらの点について心理教育が必要だと考えました。

### Ⅳ期（第20回〜28回）　Ｆさんのエデュケーショナル・マルトリートメント体験

　第20回〜22回では、Ｆさんにエデュケーショナル・マルトリートメントおよびトラウマの概念、それに伴う心身の反応や人間関係への影響について、Ｆさんの状態を見極めながら、ていねいに説明する時間を設けました。その結果、母親の養育行為による影響について、「確かにそ

れはあるかもしれない」（第21回）と語り、納得できる部分があったように見えました。

エデュケーショナル・マルトリートメント体験について、小学2年生から母親の決めた進学塾に通い（当初は水泳やピアノも好きで習っていたが、塾の日数が増えたため4年生で退会）、小学4年生からは「塾のない日もほぼ自習室に行っていた」「毎日0時くらいまでは勉強していたと思う」（第21回）と、ほとんど休みなく、将来、医学部に行くための受験勉強に母子で傾倒する様子が語られました。

「母親が毎日深夜まで勉強に付き合ってくれていた。ただ、塾の成績がよくないと母親の機嫌が悪くなって暴言や暴力もあり、とにかく怖かった」（第22回）、「とにかく母親に怒られないようにすることで毎日必死だった」（第23回）など、母親がFさんに身体的虐待や心理的虐待ともいえるかかわりを継続的に行っていたことを改めて語りました。Fさんは、努めて冷静に語ろうとしていましたが、時折涙を見せるなど、感情的になっている様子も伝わり、Fさんの過酷な状況が想像されました。

他方、「自分みたいな人間を勉強にはあまり困らないようにしてくれたことは感謝している」（第25回）など、母親について肯定的に受け止めている語りや、「低学年までは旅行にも連れて行ってくれた」（第27回）と、母親とのポジティブな思い出も語りました。それでもカウンセラーは、現在のFさんの不安の大きさや自己肯定感の低さを考えると、母親からのエデュケーショナル・マルトリートメントによる影響の大きさに愕然としました。

### V期（第29回〜35回）「勉強が楽しい」

この時期の心理面接では、将来への不安について変化が見られました。「以前はいろんなことへの不安があったが、今はこれからのことに

集中できるようになった」(第31回)。進路についても「もともと好きな英語について真剣に勉強したい」(第34回) と、積極的な様子が見られるようになりました。カウンセラーが、文転(理系から文系への変更)して大学院で英語を学ぶ選択肢もあることを話すと、「英語の勉強が楽しいので考えてみたい」(第34回) と、真剣に考えるようになりました。希望する大学院や専攻をリストアップし、「自分の意思で、それに自分のやり方で勉強したら、どんどん理解が進んでいる気がする。楽しい」(第35回) と、充実した表情で語る様子は印象的でした。

### Ⅵ期(第36回〜41回) はじめて自分の進路を選択する

「はじめて自分で受けたいと思って、受験します」(第36回) と大学院受験(以下、院試)を決めたFさん。それまでの受験勉強とは異なる感覚を得て、「(院試に必要な) TOEFLの点数もどんどん上がっている」(第38回) と成績にも好影響となっているようでした。この時期、将来の不安や自己肯定感の低さがなくなったわけではありませんでしたが、目標に集中できているようでした。

心理面接では、院試の準備に対する不安は述べていましたが、以前のような過度に自己否定的な言葉は減っていました。カウンセラーが進路への不安の度合いを聞くと、「相談を始めた頃が9としたら、今は3〜4くらい」(第39回) と、大きく下がっていることを認識しているようでした。互いに変化を感じられていることに、カウンセラーとしてもうれしい気持ちになりました。気が進まなかった母親への進路に関する報告も、「何とか電話で伝えることができた」(第40回) とホッとした表情で語りました。母親との連絡を極力避けていたFさんですが、必要なタイミングで自ら連絡するなどの頼もしさも感じられました。

その後、Fさんは卒業研究と並行して院試の勉強も続け、無事に希望

する大学院に合格しました。これまでと異なる専門分野へのチャレンジに成功したのは、Fさんの努力の賜物であったと思います。これまで母親主導で決められてきた人生から距離をとり、はじめて自分の興味・関心に基づいてキャリア選択を行い、新たな人生を歩み始めたと感じました。

## 支援のポイント

### ◆ 将来への不安や自己肯定感の低さの背景を理解する

　Fさんには、小学校低学年の頃から、母親によって医師（医学部）をめざすためのレールが用意されていました。本人の意思や気持ちとは無関係に進学塾に通わされ、中学・高校も母親が決めています。好きな習い事も途中で退会させられるなど、Fさんは自分でキャリアを選択する経験がないまま、一般社会に出る前の最後の教育機関である大学に入学しました。周囲が就職活動を始め、進路を決めていく様子に、強い不安を抱いたのは当然だったといえるでしょう。医師になることをゴールとする母親からのエデュケーショナル・マルトリートメント体験は、Fさんの自己肯定感の低さ、否定的な自己概念、価値観に影響を与えていたことは間違いありません。

　Fさんは大学院を選択する過程で、1つの大きな壁を乗り越えたと思われますが、自己肯定感が完全に安定したわけではありませんし、今後も同様のことをくり返すかもしれません。一見、現在の生活環境に適応しているように見えても、Fさんの場合のように、過去の過酷な体験について、ケアしないまま長期間が経過している場合は、心身に相当な負担を抱えている可能性があります。一般的に、高学歴で社会的に地位が高いとされる（社会適応しているように見える）人のなかにも、自己肯定感の低さや主体的なキャリア決定に困難さがある場合は、支援者は幼少期から思春期におけるエデュケーショナル・マルトリートメント体験

の可能性を意識しておくことが重要です。

## ◆家族との関係性が話題になったタイミングを大切にする

　Fさんもそうでしたが、エデュケーショナル・マルトリートメント体験と現在の不適応との関連は意識化されていないことが多いです。その背景には、被虐待経験者と同様に、恥（保護者の行為を知られたくない、自身の状況を知られたくないなど）やあきらめ（違和感はあっても変わらない現実をどうすることもできない）などがあると考えられます。さらに、Fさんが「勉強に困らないようにしてくれた」と語ったように、保護者への感謝や期待に応えられなかった罪悪感などがエデュケーショナル・マルトリートメントの開示を妨げている場合もあるでしょう。そもそも、保護者の不適切な養育に疑問を感じていないケースもあります。

　初期の面接において生育歴を確認する場合、保護者との関係性の不安定さが話題になることも多いでしょう。支援者は、この時の反応に細心の注意を払う必要があります。家族や保護者の話題が出たタイミングで探っていくことで、エデュケーショナル・マルトリートメントの可能性に気づく機会となるかもしれません。

## ◆安心・安全な面接構造をつくる

　過去のエデュケーショナル・マルトリートメント体験を語ることは、フラッシュバックを生起させ、感情を不安定にさせてしまう恐れがあります。したがって、慎重に取り扱う必要があります。支援者としては、トラウマインフォームドケア（Trauma-Informed Care：TIC）の姿勢が求められるでしょう。TICとは、「支援者のステレオタイプなかかわりや支援構造への当てはめがトラウマの再受傷につながり得ることに配

慮した／熟知した、ないし、そういうことに自覚的になる支援態度」[2]を意味します。つまり、「話したくないことを無理に話す必要はない」とくり返し伝える、意図的にニュートラルな対話を挟む、面接時間の終盤には現実生活や趣味の話をするなどして、安心・安全な面接構造をつくることが大切です。

保護者の養育態度と現在の症状の関連、エデュケーショナル・マルトリートメント概念の説明などの心理教育では、当事者の状態を見極め、支援者として「焦らないこと」を肝に銘じながら、ていねいかつ慎重に進めることが求められます。

### ◆ 主体的な選択を支える

Ⅳ期・Ⅴ期では、Fさんはエデュケーショナル・マルトリートメントに自覚的となり、カウンセラーからも話題にすることができました。しかし、カウンセラーは、あえてエデュケーショナル・マルトリートメント体験と自己肯定感の低さを関連付けることはせずに、感情に寄り添うことに注力していました。Fさんの話に一心に耳を傾け、共感的に寄り添い続けることしかできていなかったともいえますが、安心・安全な環境を提供するには重要な要素となります。

幼少期にエデュケーショナル・マルトリートメントなどの逆境的体験をしている人は、安全な対人関係のなかで癒されていきます。Fさんにとっては、心理面接の場がその環境だったのではないでしょうか。安全な対人関係が築かれるなかで、カウンセラーからの言葉も伝わるようになっていきました。Fさん自身が意思や気持ちを保障（尊重）される経験のなかで、「大学院で言語学を学びたい」という主体的な学びやキャリアの選択が自然にできるようになったのかもしれません。また、それが同時に、成績の向上にもつながった点は興味深いことでした。

---

[2] 笠井清登責任編集、熊谷晋一郎ほか編著『こころの支援と社会モデル─トラウマインフォームドケア・組織改革・共同創造』p105-112、金剛出版、2023年

## ◆ エデュケーショナル・マルトリートメントの社会的背景を考慮する

　エデュケーショナル・マルトリートメント体験について聴くことで、本人に対する理解が深まると同時に、保護者に対するネガティブな感情が喚起されるかもしれません。しかしエデュケーショナル・マルトリートメントは保護者の行為だけではなく、競争社会や学歴社会を始めとする社会環境の影響も含めて理解すべき事象です。Fさんの場合も、父親の職業、中学受験が盛んな地域など、母親が不適切な養育をするに至った背景を想像しつつ対話に臨むことが不可欠だったと思われます。支援者の価値観が面接に及ぼす負の影響に留意することが大切です。

> **まとめ**
> - 家族との関係性が話題になったタイミングを大切にする。
> - 安心・安全な面接構造をつくり、主体的な選択を支える。
> - エデュケーショナル・マルトリートメントを生む社会的背景を考慮する。

**事例6**

# 後に知的な課題が明らかになった小学生

　Gくん（小4、男子）は、三人きょうだいの真ん中です。気持ちと行動をコントロールすることが難しく、学校になじめずに欠席する日々が続いていました。登校しても、友だちに乱暴な言葉をぶつけたり、暴力を振るったりするトラブルが頻発し、仲のよかった友だちも距離を置くようになっていきました。

　Gくんのこのような行動の主な要因として、家庭でも学校でもGくんの能力が正しく評価されていなかったことが挙げられます。発達検査の結果、Gくんは知的に課題があることがわかりました。Gくんは学習内容を理解したくても理解できないという事情があったのですが、それがGくんの能力に起因するとは当時考えられていませんでした。そのため、「できないのはあなたが努力をしないからだ」と家庭で責められ、ストレスが積み重なってしまったと考えられます。また、学校でも同様に、Gくんに適した学習環境が提供されていたわけではなく、Gくんは常に「わからない」状況にあるしんどさを抱えていたに違いありません。このように家庭でも学校でもGくんへの理解が十分でなかったことが、問題行動につながったと考えられます。

> 事例の経過

3月末に前担任から引継ぎを受けてから、特別支援学級に通うまでの約1年間の経過を、1学期、2学期、3学期の流れに沿って解説します。

| 引継ぎ | 1学期 | 2学期 | 3学期 | 新年度 |
|---|---|---|---|---|
| 前担任からの引継ぎ | 本人・保護者との関係性づくり | 試行錯誤 | 医療機関の受診と診断 | 特別支援学級でのスタート |
| Gくんが学校にうまく適応できていないことを前の担任から聞く | 保護者が学校に不信感を抱いているため、Gくんの学校での乱暴な言動について、うまく支援ができない | 教師の粘り強いかかわりによって、Gくんは教師に思いをぶつけ始める。また、教師と保護者との間に信頼関係が生まれる | 受診により、Gくんの知的な課題が明らかとなる。保護者と相談し、Gくんが過ごしやすい環境を選択する | Gくんに適した学習環境・生活環境が整えられ、少しずつ学校生活になじみ始める |

## 前担任からの引継ぎ

　Gくんが小学3年生の3月末に、引継ぎがありました。Gくんについては、学校生活があまりうまくいっていないこと、興奮すると自制が効かなくなり暴れること、友だちとの仲がうまくいかないこと、それらのため不登校傾向にあること。保護者については、母親は仕事が忙しく、帰宅時間も遅いため、基本的に学校との窓口は祖母が担っていること、祖母はGくんが学校に行けないことに困っており、学校への不信感が募っていることなどの話がありました。
　学校全体で詳しい情報共有が行われていなかったこともあり、前担任などにGくんがどのような子どもであるかを聞くことでしか事前の情報を得ることはできませんでした。

## 1学期 　本人・保護者との関係性づくり

　始業式の日、Gくんは、新しい学年を迎えることに不安を感じ、登校できませんでした。この日から、Gくんの不安を解消する目的で家庭訪問を行いました。インターフォン越しに、毎日、顔を見せて会話をしました。後に、その時のことを振り返ると、「カメラ越しに顔を見てお話しした のが楽しかった」と好意的に受け止められており、できることが限られたなかでは、よいスタートを切ることができました。

### トラブル発生時の状況

　始業式から1週間ほど経った頃、Gくんがはじめて登校しました。しばらくの間は、特に問題もなく、順調なスタートを切ることができたかのように思われましたが、ゴールデンウィークを過ぎたあたりから、「Gくんに悪口を言われた」などのトラブルが発生し始めました。本人に事実を確認すると、その瞬間から表情が強張り、強度の興奮状態に陥りました。そして、「知らない」「やってない」と言うばかりで、頑として自分の非を認めようとはしませんでした。また、自分に非があると感じた時は教室を飛び出してしまいます。制止すると力の限りを振り絞り、対応する大人を蹴るなどしてその場から逃れようとしました。

　そこでGくんの祖母に連絡を取り、学校での様子を伝えました。祖母からは「これまでにも同様のトラブルがあった。しかし、Gも友だちに嫌なことをされたことがあった。トラブルはよくないが、そのあたりもしっかり見てほしい」という話がありました。実は、前担任から学校でのトラブルを祖母にストレートに伝えると過剰に反応されてしまうため、言葉と内容を選びながら伝える必要があるとの引継ぎがありました。祖母がネガティブな感情を抱くと、それは学校への苦情や、Gくんへの過度な叱責として形を変えて表出されてしまいます。そのため、問

題となっている行動について説明してGくんの指導に活かしていきたいのに、そのまま伝えられないというジレンマに常に陥っていました。

### 学習面での課題の表出

　Gくんの問題行動は相変わらず続いていましたが、教師も根気強く、時間をかけた対応を続けていました。すると、少しずつ興奮状態から落ち着いた心の状態に戻るまでの時間が短くなってきました。また、教師の話を受け入れる余地が生まれてきました。Gくんと話をするなかで、本人が落ち着かなくなったりイライラしたりすると、衝動的に友だちを叩くなどの暴力行為に及んだり、暴言を吐いたりしてしまうことがわかってきました。

　一方、学習面における問題も見られるようになってきました。図工の授業で、絵を描いたり工作したりすることが好きなGくんは、制作にも意欲的に取り組もうとします。ただし、一度失敗してしまうと、それまで上手につくっていたものでも、突如グシャグシャにつぶす、切り刻むなどしてしまいます。また、教科のテストでは、わからない問題が一問でもあると、途端にテスト用紙をグシャグシャと丸めてゴミ箱に捨ててしまいます。5月の終わり頃には、クラスの他の子どもと同じようにテストを受けることができない状態になっていました。

### 保護者との関係性の構築

　学校の対応だけでは行き詰まり、保護者の協力が不可欠な状況となりました。祖母は学校に不信感を抱いていたので、まずは担任を信頼してもらうことから始めました。ひとまずGくんのトラブルは置いておき、よいところをこまめに伝えるようにしました。これまでは学校からの連絡は悪い知らせでしかなかったため、当初は快くない対応をされましたが、Gくんのその日のよかったところやできたことを連絡帳や短い電話

でこまめに伝えると、とても喜んでいました。祖母から信頼を得られるようになってからは、学校でのトラブルを伝えても、拒否反応を示すことが格段に減少していきました。

## 2学期 〉試行錯誤

### モヤモヤの矛先の変化

　2学期には体育祭がありました。Gくんは、リレーの練習に一生懸命取り組んでいました。Gくんは速く走れるのですが、チーム対抗リレーの練習になると、途端にできません。本人に話を聞くと、「うまく走れなかったらどうしようと不安で、できなくなってしまう」ということでした。少しずつGくんの不安を解いていき、放課後に個別練習をくり返しました。その結果、体育祭当日には、Gくんは、不安を抱えながらも力走することができました。

　一方、教師の粘り強いかかわりを通して、Gくんの教師に対する信頼感が深まり、逆に、教師に怒られたくないという思いが強まったのか、やり場のない興奮の矛先を、友だちではなくGくん自身へ向け始め、自分の身体を叩いたり頭を打ちつけたりするようになりました。

### 保護者との連携

　学校に対してあまり協力的ではなかった祖母も、Gくんの学校での様子を知るにつれて事の重大さを理解し、込み入った話もできるようになってきました。このような状況に至るまでに、祖母とは何度も話し合いました。

　当初、祖母と話す際には、Gくんの学校での様子をありのままに伝えるのではなく、言葉を選んで伝えていました。そして時間をかけ、学校で困っていることがあるので家庭の協力をお願いしたい、と伝えていき

ました。すると、祖母もGくんの世話で悩んでいることがわかりました。祖母との話し合いを重ねていくなかで、これまで情報として上がっていなかった事実を知ることができました。たとえば、小さい頃に、何か困ったことがあると固まったり、思い通りにできなければ他のことが手につかなくなったりすることがあったとのこと、また、家で漢字の書き取りや計算の宿題をする時に1つでも間違えると、ノートがビリビリになるまで消しゴムで強く消すといった行動が見られるということでした。

### 学校での試行錯誤

　学校でも家庭でも手に負えないほど状態が悪化しているため、3つ目の方策として医療機関の利用を勧めました。祖母も提案に応じて、受診可能な病院を探しましたが、病院が非常に混み合っており、半年後にしか予約を取ることができませんでした。

　事態の打開策が見つからないなか、支援のため学級に入っている別の教師とともに思いつくことを試していきました。たとえば、Gくんの了解を得て、パニックになった時に自分の感情を少しでも表現できるよう、絵カードを用意しました。しかし、「パニックになった時には感情など出てこない」とのことで、これはうまくいきませんでした。

　トラブルは相変わらず減らず、Gくんががまんを重ねれば重ねるほど、その攻撃はGくん自身に向かうこととなりました。見るに見かねて、2学期のある日、「友だちに向けられない攻撃をがまんして自分に向けているけれど、どうしてもがまんしきれない時は、先生に向かって出してごらん」と提案をしました。しかし、よかれと思って出した苦肉の策であるこの提案も、結果的にはうまくいかず、Gくんの行動をより悪化させてしまいました。

## 3学期 　医療機関の受診と診断

### 学校全体での対応

　3学期になると、教師との信頼関係がより一層深まってきたため、Gくんとはさまざまな話ができるようになってきました。落ち着いている時に話をすると、「友だちと仲よく過ごしたい」という思いをもっている一人の男の子でした。また、「将来は研究者になって、自分と同じような思いをしている子どもたちを救えるような薬を開発したい」という未来への願望ももっていました。しかし、本人の思いとは裏腹に、パニックになった時のGくんの行動と衝動性は悪化していきました。

　2学期までの対応で、祖母と担任との信頼関係はより深くなり、この頃には、学校での困りごとを連絡・共有し、ともに連携してGくんへの対応を考えることができるようになっていました。そして学校では、教育委員会からの巡回指導を受けたり、ケース会議を開いたりして、さまざまな視点からGくんのことを考えていくようになりました。

　しかし、Gくんの行動は収まらず、友だちに飛びかかっていったり教室を飛び出そうとしたりするため、大人二人でGくんを押さえるのですが、小さな身体のどこにそんな力があるのかと思われるくらいの力で抵抗するため、他の子どもに職員室にいる教師の応援を頼むような状況になっていました。

### 受診と診断

　3月になる直前に、ようやく医療機関を受診することができました。その結果、Gくんには知的に課題があることや発達的な特性を有することが明らかとなり、本人の状態像に合った生活環境・学習環境を整える必要性が示されました。それらをふまえて、信頼関係を築くことができつつあった祖母と何度も話し合いを重ね、次年度から特別支援学級で過

ごすこととし、少人数で本人の状態像に合った生活環境・学習環境を整えることになりました。

### 新年度 〉 特別支援学級での新たなスタート

　新しい年度の始まりとともに、特別支援学級でGくんの理解度に合った学習がスタートし、また、刺激の少ない落ち着いた空間で過ごす時間が確保され、完全ではないものの、徐々にGくんのパニックや暴言・暴力は落ち着いていきました。

　また校内でも、学校として組織的にGくんに対応しなければいけないという動きになりました。まずは、クールダウンできる部屋を用意しました。そして、Gくんが教室から飛び出した時には、特別支援学級の担任だけではなく、管理職も含めた複数の教師が連携して対応する体制を整えました。さらにスクールカウンセラーに依頼し、Gくんはアサーショントレーニング（自分も相手も傷つけず、お互いを大切にするコミュニケーションスキルを身につけるトレーニング）やソーシャルスキルトレーニング（対人関係がうまくいくように、社会生活に必要なスキルを身につけるトレーニング）を受け、Gくんが自己コントロール力とコミュニケーション力を培う機会をつくりました。

　このように、Gくんは、医療機関で適切な診断と助言を受けたことを契機に、少しずつではありますが落ち着いていきました。問題行動やパニックは完全には収まっていませんが、徐々に気持ちを落ち着かせることができるようになりました。

### 支援のポイント

　Gくんが落ち着いた学校生活を過ごすためには、成長を本人任せにす

るのではなく、周囲からの支援が必要でした。そのなかには有効に働いたものもあればうまくいかなかったものもあります。1年間で取り組んだ具体的なかかわりを3つの観点で整理します。

◆ 子どもの成長を長期的な視点で見守る

　何よりもまず、Gくんがこれまで溜め続けてきた悩みや葛藤、自分の気持ちを外に出させる・表現させることに取り組みました。容器にたとえると、新しい物を入れる前に、入っていた古い物をすべて出す必要があります。つまり、望ましい学校生活を過ごすためのルールや新しい考え方を受け入れるためには、まずは本人の思いが吐露され、それが周囲に受け止められる必要があります。その過程では、悩みだけでなく、思いが問題行動として出てくることもあります。それらを周りの大人が受け止めつつ、時には適度な制限を設け、受け止める側の「限界」を示すこともまた大切です。

　次に、学級経営です。Gくんが自分らしくいられる場として、教室を安全基地として機能させる必要があります。そして、問題行動が起きた時の本人への適切な対応が求められます。自己肯定感が低いため、問題行動そのものを指摘すると、「どうせ自分はできないから」と何も変わらないばかりか、より悪化させることになります。問題行動が生じる前と生じた後も含めた一連の流れのなかで、子どもの行動をとらえ、問題行動がそもそも起こらないような環境設定を考えるなどの工夫が求められます。同時に、一朝一夕に問題を解決しようとするのではなく、粘り強い指導を心がけることが大切です。担当する1年間だけではなく、次の学年、小学校卒業、義務教育修了までにこうなったらよいという、長期的な視点から成長を見守る必要があります。

## ◆保護者と学校が協力関係を築く

　問題行動を解消するには、担任と保護者が両輪となって本人を支えていくことが必要です。この事例では、保護者も悩みを抱えていたため電話や対面で話をする機会を増やし、困りごとを共有しました。不信感をもたれているからといってできるだけ接しないようにするのではなく、保護者の気持ちに寄り添い、ともに本人を見守るパートナーとなる必要があります。まずは担任が保護者から信頼を得ることが大切です。

　また協同作業も必要です。今回、ともにGくんを診てもらう病院探しを行いました。教師が情報を集め、保護者に伝えるなど、学校と家庭が連携することが問題解決には不可欠です。保護者だからといって一方的に責を負わせるのではなく、ともに手を取って問題解決に努める仲間と考えます。実際にこの事例では、保護者と教師の協働関係によって実現した受診が契機となり、本人の理解に合った学習環境・生活環境が整えられ、問題行動が減っていきました。病院を受診しなければ、本人の実態に合わない環境が維持され、Gくんも周囲もより一層大変だったといえます。

　エデュケーショナル・マルトリートメントは、このような本人の実態に合わない学習環境・生活環境によって引き起こされる場合もあります。そして家庭で、本人の能力的な限界をふまえず、「本人のがんばりが足りないから」という理由で過度な叱責を続けることもエデュケーショナル・マルトリートメントといえます。この事例では、教師と保護者の間に信頼関係が成立し、Gくんの問題行動に協働して対応できるようになったことで受診が実現し、その後、子どもの実態を知ることによって、保護者が子どものありのままを認めて受け入れること（特別支援学級を活用するなど）ができるようになりました。このことからも、いかに、保護者と学校が協力関係を築くかが重要であることが示唆されます。

## ◆ 子どもの問題行動には学校全体で対応する

　子どもの問題行動への対応を、担任だけでなく学校全体の課題ととらえなければいけません。Gくんへの対応では、スクールカウンセラー、ケース会議、学級の複数指導体制、学年全体でのかかわり、特別支援教育での関与が必要でした。学級担任が一人で対応することには限界があります。この事例では、学校組織としての対応がやや遅れ気味ではありましたが、学校全体で対応することで、担任の物理的・心理的負担が軽くなり、児童にとってよい結果をもたらします。

　学校外の組織としては、医療機関や公的な発達支援センター、場合によっては児童相談所との連携が必要とされます。

### まとめ

- ✓ 問題となる行動がそもそも起こらない環境設定を考える。
- ✓ 保護者の気持ちに寄り添い、ともに子どもを見守るパートナーとなる。
- ✓ 子どもの問題行動への対応を学校全体の課題ととらえる。

事例 7

# 特別支援学校に通う高校生

　Hくん（高1、男子）は一人っ子で、母、祖父母との四人家族です。小学3年生までは通常学級に在籍していましたが、学習についていくことができなくなり、教室から飛び出すことや友だちとのトラブルが増えてきたので、4年生からは特別支援学級に移りました。Hくんは、発音や滑舌の悪さ、自分の考えを相手に伝えることの苦手さがあります。また、文字はマス目に収まらず、誤字や判読が不能なことが目立ちます。

　母親は、通常学級に戻り、高校を卒業して立派な社会人になることを強く願っていました。そこで家庭教師をつけて教科学習に力を入れるようになりました。特別支援学級の先生も、可能性のある子どもにはできるだけ学力を身につけさせ、通常学級に戻すという方針でした。

　高学年になったHくんは、同級生をいじめたり、母親に暴力を振るったりするようになり、祖父母は「子どもが荒れるのは育て方が悪いからだ」と母親を非難しました。母親も言い争いになると興奮して「入院させる」「施設に入れる」「警察を呼ぶ」と怒鳴ってしまうことがあり、担任の勧めで、児童相談所に相談しました。検査の結果、Hくんは、知的発達症・自閉スペクトラム症（ASD）の診断を受けました。母親は悩みましたが、中学校は通常学級ではなく、特別支援学校の中学部に進学し、手厚い指導のもとで行動面の改善をめざすことになりました。

> 事例の経過

特別支援学校の高等部に在籍していたHくんの学校生活と家庭での様子について、高等部1年時を中心に時系列に沿って解説します。

| 引継ぎ | 高等部1年 | 高等部2〜3年 | グループホームへ |
|---|---|---|---|
| 中学部からの引継ぎ | アセスメントと学習環境の調整 | 学校生活の安定 | 親子関係の再構築 |
| 中学部からの引継ぎ資料によると、Hくんは他者に対して暴力的な面があり、厳しい指導が行われてきた | 厳しい指導ではなく、他の生徒と同様に接する方針をとる。また、Hくんの障害特性に応じた勉強内容・環境を整える | 学校では自分らしく安心して過ごせるようになる。しかし、家庭では母親とのケンカが続く | 家庭での暴力は減らず、Hくんはグループホームへ入居する。その結果、親子それぞれが落ち着いて生活できるようになる |

## 中学部からの引継ぎ

特別支援学校の中学部で3年間を過ごしたHくんは、そのまま高等部に進学することになりました。中学部からの引継ぎの内容は散々なものでした。高等部の教師の間には、「これは大変な生徒が入ってくるな」という緊張が走りました。

**表4-1　中学部の教師からの引継ぎの内容**

- 母親は「家ではもうしつけができないので、学校でしっかり指導して就職できる人間にしてほしい」「多少無理なことをしてもよいから、悪いことをしない子にしてほしい」「できれば若い男性教師に担任してもらい、厳しく指導してもらいたい」という希望をもっている。
- 学校では「目を離すと悪いことしかしない」「うそをつく」「優しい先生だとなめてくる」「クラスは男性教師二人体制で運営している」「約束をやぶったり悪いことをしたりした場合は、廊下を雑巾がけさせるなど罰を与えている」「見えないところで友だちをいじめるので、学校内では常に教師

> がそばについている」「学力は中学部では高いほうに属し、電卓を使った計算もできる。生活能力が高く、電車を使って遠くまで好きなサッカーの試合を観に行って帰ってくる。お金が無くなると親や祖父母の財布から勝手にお金を持っていく」

## 高等部1年　アセスメントと学習環境の調整

### 1学期：学校での様子

　引継ぎのとおりに厳しく指導をするかどうか迷いましたが、まずは他の生徒と同じように接することにしました。そのほうがHくんにとっても自然ではないかと考えたからです。高校1年生の4月半ばに、Hくんのそばを何気なく歩いていると「ぼく一人で歩いていいの？　悪いことするかも」と話しかけてきました。とっさに「信用しているから」と答えると満面の笑みを見せました。何の根拠もありませんでしたが、その時「これは何とかなるかもしれない」と思いました。

　ASDの特性として「こだわり」があります。Hくんも電車のすべての車両をチェックして網棚にある新聞や雑誌を持ってくるなど、さまざまなこだわりがありました。人へのこだわりもあり、担任が自分を認めてくれていると感じたHくんは、担任にこだわるようになりました。担任と同じカバンを買い、同じジャージを着るようになりました。さらに、毎日、担任と同じ電車に乗って通学し、日に何度も担任に電話をかけてきました。

　グループ学習は知的能力によってA（軽度対象）、B（中度対象）、C（重度対象）の3つのグループに分かれていました。HくんはBグループで学習する予定でしたが、他の教師と学ぶことを頑なに拒否し、担任が担当しているCグループでの学習を強く希望しました。担任は、学力向上ではなく、安定した日常生活を送ることを優先すべきと考え、他の

先生たちの了解を得て、Hくんは担任が担当しているCグループで学ぶことになりました。

Cグループでは、Hくんに合った課題を用意しました。Hくんは授業中とてもまじめに楽しそうに勉強していました。おそらく小学校の通常学級、特別支援学級、特別支援学校中学部での学習は、Hくんにとっては難しい課題だったのでしょう。1学期は、クラスの友だちとのトラブルもなく、拍子抜けするくらい何の問題もなく過ごしました。

### 2学期：家庭訪問と面談

1年生の2学期に家庭訪問がありました。副担任と一緒に家庭を訪問するとHくんの表情はかたく、学校で見る穏やかな顔とはまるで違っていました。家に入るなり母親は、「ここも息子が穴をあけた。これも息子が壊した」と各部屋を説明して回り始めました。Hくんの表情はどんどん険しくなっていきました。そこで「学校ではほめることばかりです」と伝えましたが、母親はたまっていたHくんに対する不満を話し続けました。家庭ではこれまでと変わらず荒れていて、母親は苦労していることがよくわかりました。

そこで、学校に来てもらえれば、穏やかで勉強熱心なHくんの姿を母親に見せることができるのではないかと考え、後日学校での面談を実施しました。しかし、Hくんは母親が教室に入ってくるなり、担任が止めるのにもかかわらず、教室から母親を追い出してしまいました。Hくんには、「先生と母親がいる場面では、自分にとってマイナスの話し合いがされる」という経験が積み重なり、揺るがないものになっているようでした。

ASDは「忘れられない障害」といわれます。過去のつらかったことが当時と同じ強さで蘇ってきて苦しくなります。たった数か月、学校で穏やかな時間を過ごしただけでは、Hくんの傷は払しょくできるものではありませんでした。

### 3学期：Hくんの行動の原因を探る

　3学期になり、Hくんは相変わらず元気に学校生活を送っていました。しかし、その状況が家庭によい影響を与えることはなく、家庭では困難な状況が続いていました。ここで改めて、なぜ学校では落ち着いているのか、なぜ家庭では依然として荒れているのか原因を考えることにしました。ここでは、あえて「問題提起行動」という言葉を使います。児童精神科医の門眞一郎は「問題行動という言葉は本人に問題があるという印象を与える。人をなぐる、物を壊す、というような行動に対して、その行動で何を伝えようとしているかを考えることが重要だ。困っている問題を解決してほしいと私たちに訴えている。したがって問題行動ではなく、問題提起行動と呼ぶことにしている」[3]と述べています。人をなぐるので、そのことを叱る、罰する、ということでは問題は解決しません。

　「氷山モデル」という考え方があります（図4-1）。海に浮かぶ氷山の見えている部分が問題提起行動です。「人をなぐる」「物を壊す」などは目立つので、どうしてもその行動を直接抑える取り組みになりがちです。そうすると、氷山は一度、沈んで目立たなくなるかもしれません。しかし、氷山は場所や形を変えてまた浮かんできます。なぜそのような行動を起こすのか、水面下の部分に目を向ける必要があります。原因となる部分に目を向けて、適切な対策をとることができれば、水面下の氷は小さくなり、水面から出ている部分は沈んでいきます。つまり問題提起行動は軽減していくのです。Hくんの水面下の問題について、次のような仮説を立ててみました（表4-2、4-3）。

---

3）日詰正文ほか編『対話から始める　脱！強度行動障害』p27、日本評論社、2022年

**図4-1** 氷山モデル

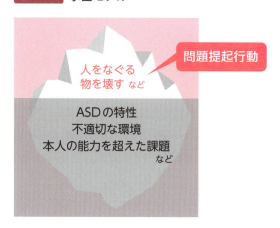

**表4-2** 仮説1：ASDの特性への無理解

- Hくんは長い説明を理解することが難しく、自分の考えを相手に伝えることが苦手である。しかし、言葉での指導や叱責が続き、本人は「勉強したくない」「休みたい」などの思いを理由を添えて伝えることができない一方で、自分が叱られている、否定されている、ということはしっかり理解できているため、ストレスをためていたのではないか。その結果、友だちや母親に暴力を振るうようになったのではないか。
- 担任にこだわっているのは、「この人と一緒にいたら自分は安全だ」と思い、離れることが不安になっているのではないか。

**表4-3** 仮説2：不適切な教育環境

- 家庭も学校も教科学習に力を入れ過ぎて、Hくんの負担になっていたのではないか。
- 通常学級、特別支援学級、特別支援学校中学部での学習内容や行動上の約

束事がHくんの理解力を超えていたのではないか。
- 母親は言葉でHくんを抑え、学校では教師が力で抑えていた。そのことで友だちを力で抑えてもよい（いじめてもよい）と勘違いしたのではないか。
- 母親の「入院させる」「施設に入れる」などの否定的で突き放した言葉がHくんを傷つけ、不安にさせたのではないか。

## 対策1：ASDの特性に対して

　上記の仮説に対して、次のような対策を立て実施しました。まず、Hくんは自分の思いを言葉で伝えることが難しいので、PECS®（Picture Exchange Communication System®：絵カード交換式コミュニケーションシステム：ペクス）(注1)を用いてコミュニケーションをとるようにしました（写真1）。PECS®には、名詞、形容詞、感情を表す言葉など豊富な絵カードが入っていて、それを文章のように並べて、読み上げることができます。PECS®で最初にHくんの思いを伝えてもらうと、その後の会話がとてもスムーズになりました。Hくんはスマートフォンの扱

写真1　PECSTalk™アプリの画像
　　　制作：ピラミッド教育コンサルタントオブジャパン株式会社

（注1）PECS®の詳細はピラミッド教育コンサルタントオブジャパン（www.pecs-japan.com）を参照。

いに慣れていたので、使い方はすぐに覚えました。

　また、約束事などの大切な話は、「コミック会話」を応用して伝えるようにしました（図4-2）。これは簡単な人型のイラストと吹き出しを使って会話を書く方法で、強調したいところは色を変えたり文字を大きくしたりします。誰が誰に何を言ったかが明確になり、言葉のように消えることがないので、記憶に残りやすく、Hくんの理解力を高めることになりました。

図4-2　コミック会話の例

　安心できる環境は用意されていても、Hくんはなかなか担任から離れることができませんでした。そこで個別のスケジュールをつくって、いつになったら一緒に過ごせるかを明確にしました。また同じグループにいても、担任は他の生徒と一緒に勉強する必要もあるので、その間、Hくんが一人で勉強するコーナーをつくりました（写真2）。

　まず、机の正面に置いてある、教材の写真を貼った指示書にしたがって、左側の棚にある課題に取り組み、終わったら右の棚に移します。全部終わったら次の科目（左側の棚の上から2段目）に取り組みます。このような場所をつくることによって、見通しが立ち、何をどのくらいやったら次に移ることができるのかがわかるようになりました。Hくんは担任がいない時間も安心して学習するようになりました。

写真2　Hくんが一人で勉強するコーナー

### 対策2：不適切な教育環境に対して

　学習面では、とにかくHくんが理解できる学習をしました。学校とは集団を重んじる場です。難しい課題を与えなくてもASDの子どもは、その特性からかなり困難な学校生活を送っています。得意な学習をたくさんして、苦手な学習は一緒に楽しくやるようにしました。保護者も教師も今、その子どもがもっている力の少し上のレベルのことを教えようとする傾向があります。しかし、朝から帰りまで、すべての授業や日常生活で少し上のレベルの課題ばかり与えられたら、どのような子どもでもつぶれてしまいます。

　また、禁止語や否定語は極力使わないようにしました。注意をする時は、「○○すると先生も友だちも悲しみます。そのかわり○○すると先生も友だちも喜びます」というように、最後は前向きな内容で終わるようにしました。これも絵や文字にして書きながら伝えました。

## 高等部2〜3年　学校生活の安定

　Hくんは、学校生活では行事や職場実習も含めて、3年生まで順調に過ごしました。高等部では学年が上がるごとに2週間から1か月程度、

職場で働く経験をします。Hくんはスーパーの品出しの実習をすることになりました。

　大好きな学校に来ないで自宅から職場に通うのは、かなり大変だったと思います。ある日の給食時に教室の電話が鳴りました。それはHくんからでした。Hくんは「みんな、応援して」と言いました。担任はクラスメイトに順番に電話を替わり、クラスメイトは「Hくん、がんばって」と伝えていました。それは本当に友だちを応援している感じでした。それだけHくんは、クラスメイトから信用されていた証拠だと思いました。

## グループホームへ　親子関係の再構築

　解決しなくてはいけない問題は家庭での生活です。学校には複数の教師がいて、さまざまな工夫ができます。Hくんは高等部進学という新しい環境で、新しい自分として再出発することができました。しかし、家庭では小学生の頃から荒れた経験をしていて、母親とケンカをする関係が成り立っています。親子だけで解決していくのはとても困難です。母親がけがをする危険性もありました。もちろん母親とは、Hくんとの接し方について何度も話し合いました。しかし、母親は「息子が怖い。正直言ってかわいいとは思えない」と語りました。

　担任らは、親子関係を再構築するために物理的に距離をとって暮らすことを提案しました。Hくんにはグループホームに入居し、そこから学校に通うという計画を説明しました。Hくんの同意を得るのは簡単ではありませんでした。しかし担任は、「自分も高校生のときに一人で暮らしたが、とても楽しかった」と前向きに伝え、説得しました。

　Hくんは3年次から卒業後の現在もグループホームで生活し、実習を行ったスーパーに就職し、元気に働いています。週に一度、自宅に帰り

ますが、母親はHくんと離れた時間をもつことで余裕をもって冷静に接することができるようになりました。

> 支援のポイント

### ◆ 母親の孤独感を理解する

　後日、母親は、ずっと孤独だったと担任に語りました。また、「何とか一人前の人間に育てないといけないと焦っていた。そのためには学力をつけて通常学級に戻ることがいちばんよいと考えていた」とのことでした。祖父母からは、子育てが甘いと責められ、学校からは、Hくんが悪さをしたと度々電話があり、家庭でしっかりしつけをするように言われて憂鬱だったとも語っています。親友に相談したところ「子どもに対する愛情が足りないのでは」と言われてさらに落ち込み、相談するところがどこにもなくなったということでした。

　Hくんが高等部になり、担任からはじめて「Hくん、よくがんばっています」と言われてうれしかったと振り返っていました。子どもに問題提起行動が見られる場合は、保護者を責めるのではなく、いかに支援していくのかが1つのポイントといえます。

### ◆ 教師の専門性を問い直す

　「悪いことは悪い。ビシッと指導しないと」。この言葉には説得力があります。もちろん母親に暴力を振るったり、クラスメイトをいじめたりすることは許されません。しかし、叱って子どもが態度を改めるならとっくに改めているわけです。

　問題提起行動が見られる場合は、その原因を考える必要があります。それにはHくんの特性を理解することは欠かせません。ASDであるHくんは、簡単な会話ができるために、たくさんのことを口頭で説明さ

れ、約束させられていました。しかし実際には、長い文章は頭に残らず、自分の都合のよいように解釈していました。また、叱責されているときも内容は理解しておらず、叱られているという経験だけが積み重なっていたのです。

母親も教師も「子どものため」を思って育て、教育しているのですが、本人の立場に立つことができなければ、大人が考えたレールに子どもを乗せることになります。定型発達をめざすのではなく、その子どもの特性と発達に沿った支援が必要です。特に家庭における保護者の支援は欠かせないものだと再確認させられました。

### まとめ

- ✓ 保護者も支援の対象としてかかわる。
- ✓ 問題提起行動の原因を考える。
- ✓ 子どもの特性と発達に沿った支援を検討する。

事例8

# 在学中に発達障害の診断を受けた大学生

　Ｉさん（大学4年、女子）は、芸術系学部に所属していました。母親と二人で暮らす自宅から大学に通っていましたが、卒業に必要な単位の約8割を取得したあたりから、大学に来なくなりました。卒業論文はすでに提出されていて、教師の評価も高かったようですが、未履修の科目については、登録だけを行い、講義には出席していませんでした。

　チューター面談への誘いにも、メールや電話にも応答がなく、心配した語学担当教師から、不適応学生の支援を担当する窓口に紹介され、相談室に来室しました。その時点で入学から6年が過ぎていました。

> 事例の経過

　Iさんがはじめて相談室に来てから、自身の発達特性や母親との確執と向き合い、主体的に進路を選択していった過程を時系列に沿って解説します。

| I期 | II期 | III期 | IV期 | V期 |
|---|---|---|---|---|
| Iさんの状況が明らかになる | 自己理解のためのアセスメントと進路相談 | 母親との面談と医療機関の受診 | 大学でのサポートと母親との確執 | Iさんのその後 |
| これまでの生育歴から、発達障害の可能性と母親による不適切な養育が明らかになる | 知能検査などによるアセスメントの結果をふまえて、医療機関の受診と進路相談がスタート | 母親も納得のうえで、Iさんは医療機関を受診。しかし、母親はIさんの発達障害を受け入れられない状況が続く | 母娘間のケンカが発展し、母親からの暴力がエスカレートする。頭を縫うほどのけがをしたことを契機にIさんは自宅を離れる | Iさんの生活環境の調整を専門職らが連携して行う。大学卒業後、Iさんは結婚し、障害特性に合わせて働く |

## 面談で明らかになったIさんの状況

　相談室に入ってきたIさんは、清楚な雰囲気の装いながら、寝ぐせがついたままで化粧はまったくしていないなど、ややアンバランスな印象でした。心理面接では、第二外国語のフランス語で毎年つまずき、卒業に必須の単位が取れていないこと、母親には大学に行くと言いながら授業に出られず、最寄り駅周辺の本屋や公園、ショッピングモールなどで時間をつぶしていることなどを饒舌に、一方的に話しました。

　学習面では、スケジュール管理の苦手さ、情報を聞き取り、覚えることの困難さ、新しいしくみやルールの把握におけるつまずきなどが明らかになりました。また、Iさんが幼稚園の時に両親が離婚し、現在は母親と二人で暮らしていること、小学生の頃から同性との人間関係で苦労してきたことなどを話しました。また、「進路を考え直したいので大学

を休学したい」と、自分の思いを母親に相談したけれど、「這いつくばってでも卒業しろ」「お前みたいな人間は卒業しないと雇ってくれる先はない」などと、くり返し傷つくことを言われてきたと涙ながらに語りました。

　中学生の頃には、試験前になると、特に苦手な暗記科目では、母親が付きっきりで、覚えるまで寝かせてもらえず、フラフラのまま学校に行き、自転車で転倒して大けがをしたこともあったようです。また、今でもIさんの部屋はなく、母親と同じ部屋で過ごすことを強要されたり、視聴するテレビ番組を制限されたり、成績表を見せると「これまでいくら学費がかかっていると思うのか」と暴力を振るわれたり、デパートの食品売り場の補助以外のアルバイトは、「お前には無理」と一切認めてもらえなかったりと、驚くような話が続きました。そして、毎月のアルバイトの賃金を含め、預金通帳や印鑑は母親が管理し、自分の口座にいくら入っているのかもわからないなど、大学生にしてはかなり特殊な状況も明らかになりました。

　昼食は、毎日母親が弁当を持たせてくれるが、交通費と教科書代など最低限のお金しか渡されておらず、Iさんとしては、大学をやめて働くにしても、授業に出て単位を取るにしても、見通しがもてない状況に追い込まれているようでした。

## 自己理解のためのアセスメントと進路相談

　相談室では、発達障害特性がある可能性をふまえ、まずはIさんが今、つまずいていることが何に由来するのかを知るために、検査を受けることを提案し、成人用の知能検査と、自閉スペクトラム症（ASD）や注意欠如・多動症（ADHD）の特性の強さを測るための検査を行いました。

その結果、IQに相当する全般的な知能指数は120以上と高い一方で、対人社会面や柔軟な対応の苦手さ、肌や特定の音への感覚過敏、聴覚情報の聞き逃しなど、注意欠如傾向を有することが明らかになりました。特に学習面で困っていた「興味がないことにまったく注意のスイッチが入らない」「わからないことが出てきた時に頭が真っ白になり動けなくなる」「課題中に心ここにあらずといった状態になる」といった様子が検査中にも見られました。そこで、医療機関を受診すれば、発達障害の診断が出る可能性が高いことをⅠさんに伝えました。

　この時点で考えられる進路の選択肢は、①大学をいったん休学し、その間にアルバイトなどをしながら進路についてゆっくり考える猶予期間をつくる、②大学を続ける自信がない場合は、退学か、もしくは退学を前提にした休学をして就労移行の準備を始める、③大学を続けるが、今までと同じやり方では問題が解決しないので、医療機関などで発達障害の診断を受け、合理的配慮を受けながら卒業をめざす、という3つになり、Ⅰさんがどうしたいかを尋ねました。

　Ⅰさんは、意外にも即答で、「前から発達障害のことは調べていた。制度を利用して、卒業をめざしたい」と言いました。障害学生への合理的配慮として、先輩学生が語学の勉強を有償でサポートする学習サポーター制度があり、そのサポートを受けるためには医療機関の正式な診断が必要なこと、医療機関を受診する際には、保護者の同席を勧めることなどを説明し、Ⅰさん同意のもと母親に大学に来てもらい、説明することになりました。

## 母親との面談と医療機関の受診

　Ⅰさんの母親は、菓子折りを持参し、「娘がお世話になっています」と深々と頭を下げました。母親の話からは「発達障害の特性に関しては何

となく理解しており、前からそうではないかと思っていたけれど、Iさんが恥をかかないよう、必死に対応してきた」という状況がわかりました。

　母親もIさんと同じように饒舌で、こちらが息つく暇もないほど、次から次へと話が続きました。たとえば、Iさんが大学2年生の時に、交際していた男性にだまされて、金融商品詐欺の被害に遭い、その時に通帳や印鑑を相手に預けていて大問題になったため、それ以降は母親が管理していることや、異性関係で度々、問題となることがあり、一人部屋だと誰と連絡をとって何をするかわからないため、母親と同室にしていること、さらに、Iさんは勉強は元々得意であったものの、苦手な暗記系の科目は任せておくと何もしないので、教員免許をもっている自分が徹夜で付き合い、何とか赤点を取らないようにしてきたこと、そして、一人でどれだけ苦労してきたかを涙ながらに語りました。

　担当のカウンセラーは、大学には学習支援の制度があり、この制度を利用して単位を取得した学生も一定割合いることなど、今後想定されるロードマップを提示しました。母親は、「本人の将来があるので、医療機関には極力行きたくないけれど、大学で支援してもらえるなら…」と、しぶしぶではありましたが、医療機関の受診を了承しました。

　専門医の診察では、Iさんは率直にこれまでのことを話したようですが、母親は大学での話とは打って変わって、「これまでも、今もまったく困っていない」と、発達特性や困り感にかかわる内容を報告しませんでした。それでも担当医師が機転を利かせて、"ASD疑い"という診断名がついたため、大学で合理的配慮が受けられることになりました。帰宅後に母親から「あんたは障害者ではない。絶対に認めない」「障害者だと就職できない」と言われ、口論になったとのことです。

## 大学でのサポートと母親との確執

　医療機関の受診を契機に、Iさんはスケジュール管理などのサポートを受けられるようになり、苦手な第二外国語は、学習サポーターによる個別指導が行われました。落としていた単位も徐々に取得し、半年後の卒業が見え始めました。アルバイトや大学内のサークル活動も、女性の学生相談カウンセラーと、安全面などを慎重に確認しながら再開していきました。

　そんな時Iさんは、その頃に付き合い始めた男性のことで母親と大ゲンカになり、ドライヤーを投げつけられ、頭を数針縫うけがをしました。Iさんはこれまでも母親から暴力を受ける被害があったため、けがをした頭部の写真と記録をとり、警察に駆け込みました。「しばらくはお互いのためにも離れたほうがよい」という警察からの助言もあり、親が管理していた自分の預金通帳と印鑑、着替えをかばんにつめ、友だちの家に身を寄せました。Iさんはカウンセラーに、「絶対に家には帰らない」とこれまでにない決意を伝えました。その後Iさんは、引きこもりやDV被害に詳しいNPOとそのNPOが契約している弁護士によるサポートを受けることになりました。

　Iさんと連絡がつかない母親は、親戚、Iさんの友人、大学の相談室、学生課、指導教員などに連絡をして探し回りました。しかし大学は、弁護士の指導のもと、成人になったIさんの権利擁護・保護の観点から、母親にIさんの所在などの情報を開示しない方針を貫きました。

　一方で、Iさんが高校生の時に通った心療内科のクリニックに、Iさんの母親も通院していたことがわかり、Iさんの了解を得て、大学のカウンセラーが母親の担当医と連絡をとりました。そして、今回のトラブルに伴う母親の精神面のフォローをクリニックの担当医が行うことになりました。

## Iさんのその後

　その後、母親に対して、Iさんへの接触禁止処分が出され、Iさんが幼い頃に別居した父親が身元引受人となりました。また学生寮への入寮が認められ、Iさんはひとり暮らしを始めました。次第に母親もIさんと心理的距離をとるようになり、Iさんが久しぶりにメールで連絡すると「私は元気です。あなたはもう自分でやっていきなさい」と返事がありました。

　Iさんは無事に大学を卒業し、一般企業の事務職に就職しましたが、お金の取り扱いで大きなミスが続いたこと、人間関係で疲弊したことがきっかけで、半年で退職しました。その後、医療機関で正式な診断を受けて障害者手帳を取得し、現在は、成人期ADHDの症状を和らげる薬を服用しながら、障害者雇用で働いています。また、大学卒業前から付き合っていた男性と結婚し、両親も結婚式に参列したとのことです。

## 支援のポイント

### ◆ 発達障害特性とエデュケーショナル・マルトリートメント

　Iさんは、大学在学中に発達障害が明らかになりました。発達障害は、時に親子で特性を共有している場合もあり、Iさんも後日、「母親も人間関係などで苦労してきたことが、今はわかる」と話しました。Iさんの母親のこれまでの苦労は計り知れません。また、身近に頼りになる相談相手もいなかったため、極端な対応にならざるを得なかった部分もあったと考えられます。

　Iさんには、発達障害特性のある児童・生徒特有の学習の苦手さが感じられました。定型発達の人の場合、「苦手な教科で嫌だけれど、堪え

てがんばる」ということが、比較的可能でしょう。しかし、発達障害特性のある人の場合は、関心のない領域の学習では、脳が処理を受けつけず、固まってしまうようなことがあります。そういった傾向は、障害特性が正しく理解されていない場合、本人の「やる気の問題」として一括りにされることがあります。そして、保護者がスイッチの入らないわが子に対して、長時間拘束する、強い叱責をくり返すなどの一線を超えるかかわりをしてしまうことがあります。

　定型発達の子どもであれば、くり返し怒られないように回避したり、先読みしたりなどの対策を身につけますが、発達障害特性のある子どもは何度も同じパターンをくり返すことがあります。一時的にうまく対処できたとしても、人と人との信頼関係に根差した対処を行っているわけではないため、思春期になる頃には関係が悪化し、ますます親を遠ざけ、結果的に修復不能な状態になることは少なくありません。

　大学で知能検査等を行った際、Iさんは、困難な課題にぶつかった時に固まってしまう様子や、解離症状ともいわれるようなボーッと現実から飛んでしまう状態が見られました。これらは、元々の障害特性に加えて、適応がよければ顕在化しなかったような二次障害の可能性も否定できません。発達障害の子どもの支援に関しては、子どもの特性に応じた正しい対応を保護者が学んでいくこと、保護者が対応に苦慮した時に周囲の専門職に相談し、孤立しないようにすることなどが極めて重要であり、早期発見・早期支援が声高に求められる背景にはそのような経緯があります。

　脳の特性に応じた学習上の合理的配慮は、小・中学校の通常学級に在籍しているうちから活用することが望ましいでしょう。Iさんのように基礎学力が極めて高く、漢字や暗記のみが苦手な場合でも、他の子どもよりも少し課題量を減らすなどの対応が可能です。早期に手厚い配慮を受け、学習面でのハードルを下げることは、一見遠回りに見えて、実

は、学習面での課題を乗り越える術を早くに会得するための「近道」といえます。

### ◆ 発達障害特性のある人の進路選択

　高等教育におけるエデュケーショナル・マルトリートメントについて、もう1つ重要なのは進路選択の問題です。大学での学びは専門性が高く、学年が上がるにつれてより深くなるのが一般的です。その際、専門領域とのミスマッチが起こることがあります。この時、発達障害特性のある学生の場合、「自分には合わないけれど与えられた場所で卒業をめざす」という一時しのぎ的な対処を取ることが難しい場合があります。

　大学では学び方への配慮は受けられても、取得する単位数や各授業の到達ラインに関してまで配慮されることはありません。保護者や大学関係者は「大学を卒業することが望ましい」「講義には出席するもの」といった価値観を意識せずにもっていることが多く、よかれと思って、「もう少しがんばろう」「大学は卒業しておいたほうがよい」といったメッセージを本人に送ってしまいがちです。しかし、学生には「学ばない（＝講義に出席しない）」「失敗する（＝課題で「不可」をもらう）」「途中で立ち止まって考える（＝休学する）」「違う進路を選ぶ（＝退学する）」などの権利もあるのです。

　エデュケーショナル・マルトリートメントをする傾向が強い教師や保護者の場合、権利意識の希薄さから、本人と専攻とのミスマッチを受け入れられなかったり、進路変更を認められなかったりした結果、いたずらに時間だけが過ぎるといったことが起こりがちです。したがって、学生の「学ばない権利」「失敗する権利」等についても、関係者がよく理解しておくことが必要です。Iさんは、幸い未取得の単位が少なかったこともあり、大学に残って学ぶという選択をしました。Iさんのように大学を卒業してから障害者雇用枠で働く人もいます。また、進路変更を

して人生を謳歌している人、大学中退後、成功した人などさまざまです。

## ◆ 発達障害特性のある学生の親離れ・子離れ

　どの家庭でも、子どもが大学生になれば、ある程度自然に、親離れ・子離れが生じますが、発達障害特性がある場合は、子どもの主体性が著しく侵害されるような親子関係に陥る場合もあります。支援者には、本人の権利擁護の視点に立ち、本人を保護することが求められます。明らかな虐待被害が認められる時には、この事例のように保護者からの問い合わせに対して学生の居場所など個人情報を明らかにしない、学生本人の申し立てがあれば家庭への書類の送付を止めるなど、大学の課を超えた対応が求められます。成人（18歳）となった学生の権利擁護に関して、大学側の思い込みで、本人の権利を侵害してしまうことがないように、法的な根拠を一つひとつ確認しておくことも重要です。

　一方で支援者には、母親の苦労や不安を理解する姿勢も求められます。この事例では、母親への連絡や精神的フォローを外部のクリニックに一本化しました。虐待はないものの親子間で激しい葛藤が認められるようなケースでは、学生本人を担当するカウンセラーとは別のカウンセラーが保護者へのフォローを行うなど、親子の支援を並行して進めていく形が望まれます。保護者にとっては、子どもの障害と向き合うという別の葛藤もあります。「大学生になるまで世話をしてきて、子育てもそろそろ終わり」というこのタイミングで子どもの障害を受け入れるには、さらに長い時間を要します。

　また、中学生や高校生に対する、監督者としての保護者の役割は、どこかの時点で自立に向けたかかわりに切り替えていく必要があります。たとえば、「門限を緩める」「友だちとの夜間の外出を認める」「異性との交際を認める」「アルバイトや就職先の選択を本人の意思に任せる」などです。この事例では、後にⅠさんの担当のカウンセラーがその役割

を引き受けることになるのですが、Iさんに金銭管理やアルバイトのスキルなどのライフスキルを身につけさせるのは、母親にとって、とても大変だったと推察されます。家事や地域生活のスキルも、発達障害特性のある学生の場合、自然と身につくことは難しく、教えてもらいながら少しずつ学ぶ必要があります。Iさん親子は、その学びに至る以前のところで苦しんでいたように感じます。

一方、すべてのスキルを完璧に修得しなければならないというのもまた誤解で、大学生が生活のサポートのためにヘルパー制度を活用することなども最近は浸透し始めています。

### ◆ 支援者に求められること

「最後には、子どもは親から自立できる」「親子の絆は残り続ける」。これらは、Iさん親子のような困難な事例に向き合う時に支援者の拠り所となり得る考え方です。大学生の場合、さまざまなタイミングで、「あなたはどうしたいのか」と問いかけ、本人の決断をサポートしていくことになります。学習面で保護者が子どもに対してできることは、金銭的支援くらいです。一方、学生は、これまで不確かであった自身の選択の権利を行使していくことになります。退学か大学に残るかの選択、合理的配慮を受けるかどうかの選択、家を出るか残るかの選択など…、選ぶことができるのは、成人になった学生の大きな強みです。「最終的に学生自らの主体性を取り戻すことができる」と、まずは支援者がゆらぎながらも信念をもち続け、渦中にある学生に、ことあるごとに、くり返し伝えることが大切です。そうしなければ、元の形に戻ろうとするあらゆる力に、本人も支援者も負けてしまうことがあるからです。

そして、多くの保護者が、最後には子どもが離れていくことを認めます。例外もありますが、「子どもに幸せになってほしい」というすべての保護者に共通する思いが根っこにあるからです。私たち支援者は、決

して親子関係を土台から壊そうとしているわけではありません。実際に、親子が物理的に離れた後も、Iさん親子のように関係が維持されることが多いと感じます。支援者には、発達障害のある子どもを育てる保護者の不安や子離れによる喪失感を受け止め、適切にサポートする姿勢が求められます。

　本来なら青年期の子どもの自立は、ゆるやかに段階的に進むものですが、家庭環境などの環境要因、子どものみならず保護者も含めた発達的・性格的特性などいくつかの要因が重なる場合、この事例のように強い情緒的葛藤を伴う劇的な展開になることもあります。しかし、親子は親子です。保護者の心の奥底に子どもを思う気持ちがあると知っていることは、支援者にとって希望となり、精神的な支えになります。

　最後に、支援者自身にも親子関係があり、支援の過程においてさまざまな感情が記憶とともに湧き上がることがあります。支援者自身が自分の親子関係をある程度整理したり、一人で対処したりすることが難しい場合はチームで対応することも大切です。

### まとめ

- ✓ 発達特性の正しい理解が、エデュケーショナル・マルトリートメントの未然防止につながる。
- ✓ 保護者の不安や子離れに伴う喪失感を受け止め、適切にサポートする。
- ✓ 成人になった大学生が自ら選択する権利を保障する。

# 第 5 章

# エデュケーショナル・マルトリートメントを生まないための5つの視点

　この章では、本書のまとめとして、エデュケーショナル・マルトリートメントを生まないために大切な5つの視点を解説します。

　第1節から第3節では、最も基本的な視点として、①子どもの権利を保障すること、②発達のしくみを理解すること、③子どもの個性を大切にすることについて説明します。エデュケーショナル・マルトリートメントは、大人がよかれと思ってやっていることではあるのですが、実際には子どもの権利を傷つけていたり、子どもの発達や個性にそぐわないものになっていたりします。これらについて理解することは支援や予防の土台になります。続く第4節では、子育ての担い手に視点を移し、④大人がのびやかに生きられる社会をつくること、第5節では、視点をさらに社会全体に広げ、⑤社会全体で子育てをすることを展望します。

# 1 子どもの権利を保障する

## 1.「子どもの権利条約」とは

　虐待に限らず、子どもが自分の危機的な状況に気づき、誰かに助けを求めるためには、子ども自身が、自分にはどのような権利があるのか、その権利は毎日の暮らしとどのように関係しているのかを具体的に知る必要があります。子どもが自分の権利について知らなければ、他者から権利を侵害されていても、それに気づくことができません。

　「児童の権利に関する条約」（以下、子どもの権利条約）は、子どもの基本的人権を国際的に保障するために定められた条約です。前文と本文54条で構成され、子どもの生存、発達、保護、参加という包括的な権利を実現・確保するために必要となる具体的な事項を規定しています。世界では、子どもの権利条約に関する知識は、子どもの幸福度を高めたり、子どもへの虐待防止に取り組んだりするうえで欠かせない考え方になっています。子どもの権利条約は、1989年の国連総会において採択され、1990年に発効しました。日本は1994年に批准しています。

## 2．子どもの権利条約の認知度

　全国の10〜18歳の男女1万人を対象に行われた「こども1万人意識調査」によると、子どもの権利条約について、約6割の子どもが「聞いたことがない」と回答しています。残りの約4割のうち約3割の子どもが、「聞いたことがある」と回答し、「くわしく知っている」あるいは「知っている」と回答した子どもは1割に満たないことが示されました[1]。

1）公益財団法人日本財団「こども1万人意識調査報告書」2023年

また、小学1～3年生、小学4～6年生、中学生、高校生、および18歳（高校3年生を除く）から89歳までのそれぞれ5000人を対象に行った調査によると、「子どもの権利条約」の内容について、「どんな内容かよく知っている」「どんな内容か少し知っている」と回答した人は、小学1～3年生が7.0％、小学4～6年生が13.6％、中学生が18.2％、高校生が28.7％、18～89歳の大人が20.1％となっています[2]。

　日本が子どもの権利条約を批准してから30年が経つにもかかわらず、認知度がここまで低いことは大きな課題といえます。

## 3．子どもが意見を表明する権利

　子どもが自分の権利を知ったうえで、自分の危機的な状況に気づいた時には、「誰かに助けを求める」ということが重要になってきます。その土台として、子どもの権利条約の第12条「子どもの意見表明権」は大切です。第12条は、子どもは、自分に関係のあることについて自由に自分の意見を表す権利をもっており、その意見は、子どもの発達に応じて十分考慮されなければならないことを定めています。

　子どもが意見を表し、聴いてもらえたと実感できるためには、安心して自分の考えや気持ちを表明できる環境が用意される必要があります。子どもが、今、自分に起こっていることを理解し、自分にかかわるあらゆる場面で大人と対話をしながら、自分もそのプロセスに参加しているという感覚をもつことができるように、大人が努力する必要があります。それが、子どもの意見を聴くことにつながります。そのため、「意見を聴かれる権利」[3]とも表現されます。危機的な状況に限らず、子どもの意見を聴くことは、大人の責務といえます。

---

2） こども家庭庁「児童の権利に関する条約の認知度等調査及び同条約の普及啓発方法の検討のための調査研究報告書」2024年
3） 平野裕二訳「国連・子どもの権利委員会・一般的意見12号　意見を聴かれる子どもの権利（2009）」

また、2009年の国連・子どもの権利委員会一般的意見12号では、「締約国には、自己の意見を聴いてもらううえで困難を経験している子どもたちを対象としてこの権利の実施を確保する義務もある。たとえば障害のある子どもは、自己の意見の表明を容易にするうえで必要ないかなるコミュニケーション形態も用意されるべきであるし、それを使えるようにされるべきである。マイノリティ、先住民族および移住者の子どもならびにマジョリティ言語を話せないその他の子どもに意見表明権を認めるための努力も行なわれなければならない」と言及していることも注視する必要があります。

## 4．エデュケーショナル・マルトリートメントと子どもの権利条約

　エデュケーショナル・マルトリートメントには、罰として身体的な虐待を受けたり、食事を与えられなかったりという児童虐待防止法上の「児童虐待」の定義に該当する行為もありますが、虐待かどうかの視点だけではなく、子どもの権利が奪われていないかどうかという視点をもつことが大切です。

　本書で紹介した事例の多くは、幼い頃から家庭の教育方針を絶対的価値観として育ち、別の価値観を知る機会がなかったケースです。そして最も大きな問題は、家庭の教育方針において、子どもの権利を奪う方法が用いられていることであり、かつ、保護者がその方法について、「子どものために必要である」と信じていることです。その結果、学習面に限らず、生活のあらゆる場面において、子どもの意見表明権が保障されていません。

　また、子どもの権利条約第31条に掲げられている、休息・余暇、遊び、レクリエーション、スポーツおよび文化的・芸術的活動に参加する

権利が奪われている事例も複数あります。子ども同士の交流を認めないことは、子どもの成長発達に重要な遊びの権利が奪われていることを意味します。また、塾や習い事でスケジュールが詰まっていたり、深夜まで勉強を強いて眠らせてもらえなかったりすることは、休息の権利が奪われている状況です。睡眠不足は健康面にも影響するため、重篤な事例では子どもの心身に大きな健康被害が生じてしまいます。

ただし、このような状況は、保護者だけが引き起こしているわけではありません。学校でも、その他の家庭以外のさまざまな場面においても、大人が子どもの権利を保障することの価値を共有できていない社会構造に課題があります。決して「個々の家庭の教育方針」に責任を帰してすむ問題ではないのです。

## 5．子どもの権利条約を学び合える社会をめざす

現在の大人の多くは、子どもの権利についてきちんと学ぶ機会がなかった世代です。そのため、保護者が子どものためと信じて行っている行為が、子どもの権利を奪っている可能性があると気づく術もありませんでした。したがって、エデュケーショナル・マルトリートメントを改善したり、予防したりするための1つとして、子どもに子どもの権利を教えるだけでなく、私たち大人も、子どもの権利について学ぶことが欠かせません。

2023年4月に「こども基本法」が施行されました。このなかで、子ども施策の策定には、日本国憲法と子どもの権利条約の精神に基づいて、子どもの意見を聴くことの必要性が明記されました。ようやく、子どもの権利について大人同士が学び合うことや、子どもたちと対話を重ねる方法を探していくことの重要性が共有されつつあるといえるでしょう。

ただし、単に子どもの権利条約の条文を読むだけでは、子どもが自分

自身の権利として実感することが難しいため、子どもに親しみやすい絵本や歌(注1)などを通して楽しみながら学ぶ方法もあります。また、学校の授業として実施している方法も参考になります(注2)。子どもの権利条約について学び合える社会をめざすことは、どのような価値観をよしとする社会をつくるのか、ということにつながっていくのです。

(注1) 絵本として、長瀬正子文、momo絵『きかせてあなたのきもち 子どもの権利ってしってる?』ひだまり舎、2021年、子どもの権利・きもちプロジェクト文、えがしらみちこ絵『ようこそ こどものけんりのほん』白泉社、2023年などがある。歌として、金澤ますみ作詞、古川忠義作曲『タズネウタ』2020年がある。
https://youtu.be/zNMYQjSrRZY

(注2) 清水美穂「子どもの権利条約を子どもに届ける『たずねるワーク』」金澤ますみほか編著『三訂版 スクールソーシャルワーカー実務テキスト』学事出版、2022年、金澤ますみ「子どもの権利条約を子ども自身に届ける―絵本を取り入れた出前授業 」金澤ますみほか編著『学校という場の可能性を追究する11の物語―学校学のことはじめ』明石書店、2021年などが参考になる。

(注3) 本稿は、桃山学院大学総合研究所共同研究プロジェクト(地域連携24連304)「学校という場をめぐる諸課題の解決に向けた学際的研究3　An multidisciplinary study related to solution of school problem 3」の研究成果の一部である。

## 2　発達のしくみを理解する

### 1．発達のとらえ方と発達の本質

　発達とは、生物が受精卵として存在し始めてから死に至るまでの心身に生じる変化です。わかりやすい例では、生まれた時は声を発するだけだった赤ちゃんが1歳前には「マンマ〜」と保護者に呼びかけるようになり、4歳頃にはずいぶん流ちょうに話せるようになるといったようなことです。

　子育てや教育の文脈においては、発達とは、さまざまな力を身につけ、高めていく過程であるととらえられています。特に子どもの時期においては、未熟で何もできなかった状態から目まぐるしい変化を遂げるため、「獲得」の側面が強調されがちです。したがって、子育てや教育の役割は、子どもが大人の特徴を獲得し、未熟で不完全な状態から自立して生きていけるように発達を促すことであるととらえるのが一般的です。しかし、これは正確なとらえ方とはいえません。そして、第3章第1節で解説したとおり、発達への理解不足は、エデュケーショナル・マルトリートメントのリスクとなり得ます。

　発達心理学者の浜田寿美男は、発達によって手にした能力は、それを使うことで、その人の生活世界を支え広げることに使われるのが生物の自然であるといいます[4]。子どもが座れるようになった時、仰向けに寝ている状態で見えていた天井だけの世界は一気に広がります。首を動かせば、さまざまな物を視野に収めることができますし、立ち上がって歩けるようになれば、見えてくる世界は自身の歩みに伴っていくらでも変化します。言葉を獲得すれば、そこに言葉を使った新たな言語コミュニ

---

[4]　浜田寿美男『子ども学序説』p41-62、岩波書店、2009年

ケーションの世界が開け、それまでにはできなかったより深く細かな意思の疎通が可能となります。このように、子どもが発達によって新たな力を手にする時、その力は子どもが生活する「ここのいま」の場でただちに使われ、それによって子どもは新たな生活世界を享受することができるのです。

　このような能力の獲得は、子どもの側からすれば実質的意味をもつ学びであるといえます（浜田、2006）[5]。つまり、学ぶこと＝知識や能力を獲得することは、それを使った新たな生活世界をもたらすことを通じて、子どもに即時的かつ直接的に恩恵をもたらすのです。これは大人においても同じですし、高度な能力であっても変わりません。たとえば、高校や大学で学ぶ微分方程式や第二外国語など、日常生活場面と接点が少ないような高度な内容であっても、学び手がそれを通して自ら生きる生活世界への認識を深めることができれば、それは十分学びの実質的意味を全うしているといえます。能力の獲得は、それを使うことで現れる生活世界の広がりとセットでとらえる必要があるのです。

　発達において変化するのは能力にとどまりません。発達は私たちが生きるという営みのなかにある1つの自然のプロセスであり、能力の変化に伴って生じる生活世界の変化をも含むものなのです。

## 2．「力の獲得」を重視する発達観に基づく教育の弊害

　しかしながら、子育てや教育においては、「力を身につける」ことのみを重視し、表裏の関係にある「力を使って生きる」ということが多くの場合顧みられません。このことは子どもの年齢が上がるほど顕著になり、学業領域のエデュケーショナル・マルトリートメントにおいて常に

---

[5] 刈谷剛彦編『いまこの国でおとなになるということ』p95-112、紀伊國屋書店、2006年

問題となる「受験勉強」はその最たるものです。

　入学試験においては、試験の目的は入学者の選抜であるため、受験者側からすればとにかく合格を勝ち取ることが重要です。そのため、試験で高得点を取ることが学びの目的に据えられ、そのための効率性や戦略などが重視されます。学ぶことの意味は究極的には合否判定に収斂していき、そこに「獲得した力を使って自らの生活世界を広げる」という学びの実質的意味は問われません。浜田はこのような学びの意味を、学校制度をくぐり抜けるための「制度的意味」としています[6]。試験で高得点を取り、学歴を積み上げることが目的となっているため、学んだことの意味が得られるのは試験の結果が出た後です。場合によっては、最終目標となる大学入試や就職試験など、途方もなく遠い将来になってやっと得られることになります。しかし、そのような先のことを実感的にとらえることは、子どもはもちろん、大人にとっても容易ではありません。

　しかも、能力を獲得するだけでそれが「ここのいま」において実質的意味をもたないため、せっかく手にした能力もそれが試される試験のような場を離れてしまえば、いずれは廃れていきます。実際に受験を経験したことのある人は同様の体験をしていることでしょう。一生懸命覚えた事柄なのに、試験が終わればいつのまにか記憶から抜け落ちて思い出せないといったことなど無数にあります。

　学びのほとんどが制度的学びとなって廃れていくのなら、何のために貴重な子ども時代を費やして取り組んできたのかわかりません。それでも、学力を獲得し、望みの学歴を得て学びの制度的意味を享受できる人はまだよいのかもしれません。それさえもできず、評価によって傷つけられ続けてきた子どもたちは、学ぶことの実質的意味ばかりか、制度的意味すらも見失って、学びそのものから逃走してしまうのです[7]。学ぶことは、複雑で変化に富む社会を生きる人間にとって極めて重要な営み

6）文献5）に同じ、p107
7）文献5）に同じ、p107

です。教育が学びから逃走する子どもたちを生み出しているとしたら、それは教育が本来めざしている姿とかけ離れた状況であるといわざるを得ません。

なかには厳しい受験勉強のなかでも学ぶこと自体に楽しみを見出し、実質的意味をもった学びにできる子どももいます。実際に、厳しい受験を経験することで、忍耐力や試行錯誤する力といった副次的なことまで獲得できる子どもがいることも事実です。しかし、このような子どもは限られており、その子どもたちにおいても、やはり合格を勝ち取ることが受験勉強の第一義的な目的であることに変わりません。

力を身につけることに集中し、身につけた力を使って生きることが顧みられないとき、子どもの生活はどのようになるのでしょうか。第4章の事例で見てきたとおり、子どもたちは成果へのプレッシャーに押し潰されそうになりながら必死に勉強に取り組み、生活を楽しむ余裕がなく、学びの意味を味わうこともままなりません。それが過剰なストレスとなって心身に症状が生じたり（事例1、5）、暴力に訴えるといった問題が生じたりします（事例6、7）。そしてそのような生活を続けた結果、青年期の終わりに進路選択などの人生における重要な選択を迫られた時、自ら決めることができないという事態に陥るのです（事例5、8）。幼い頃から遠い将来の成功を期待され、意味を実感することもできない学びを強要されてきたために、自己の主体性そのものの育ちが阻害されてきたからです。

結局のところ、エデュケーショナル・マルトリートメントによって子どもから奪われるのは、実質的意味をもった学びはもとより、自らが主役となって生きることで積み上げられるかけがえのない子ども時代であるといえます。

大人は子どもの幸せを願っていますが、それは子ども時代を犠牲にすることによって、しかも将来においてやっと手に入るようなものであっ

てはなりません。エデュケーショナル・マルトリートメントの事例からは、将来においても手に入らないことすらあり得るということが示されています。私たちは、心のなかでは遠い将来を思い描きながらも、自らの身体が身を置いている「ここのいま」にしか生きられません。「空虚ないま」が積み上がっていっても、それはやはり「空虚な将来」でしかないのです。自らが生きていることの「意味を実感できるいま」を積み上げていった先に、「充実した意味ある将来」が待っているといえます。

## 3．発達の本質をふまえた教育を

　子どもの発達を適切にふまえるならば、教育の目標は、力を身につけることにとどまらず、発達によって手にした力を使うことで開けてくる新たな生活世界まで射程に入れる必要があります。子どもは本来好奇心の塊のような存在です。心が動かされれば、自ずと自ら学んでいきます。しかし、学ぶ内容がいつでも子どもの興味を引くものばかりとは限りません。むしろ、退屈で辛抱強さを必要とすることのほうが多いかもしれません。その際は、その内容を学ぶことでどのような新しい世界が開けてくるのか、その意味を実感できることが必要です。学ぶことの必然性を生活のなかに与える必要があるのです。新しいことを学ぶことは、必ずしも子どもにとって常に居心地のよいものとは限りません。多少の不便や苦労を経験することが、かえって子どもの主体性を引き出すこともあるのです。

　学ぶことの意味を実感できるようなかかわりは、ウェルビーイングを中心に据えた教育であるといえます。ウェルビーイングとは「健康」を表す言葉で、単に病気がないことではなく、身体的にも、心理的にも、社会的にも良好であることを意味します。文部科学省も今後の教育政策の基礎となる「第4期教育振興基本計画」にウェルビーイングの向上を

掲げており、子どもの権利とともに、今後の教育の前提となる視点であるといえます。そしてもちろん、この「良好な状態」は、子どもの「ここのいま」において実現されていることが基本であり、それは、子ども自身が常に人生の主役となる状態であるといえます。

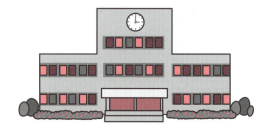

## 3 子どもの個性を大切にする

### 1.「子どものために…」とは

　第4章で示した事例を始め、エデュケーショナル・マルトリートメントの事例に接していると、「子どものために…」という親心や、児童生徒に対する教師の切なる願いを感じることがしばしばあります。そして、そのような気持ちをもう少し掘り下げてみると、そこには、「自分と同じ轍を踏んでほしくない」という保護者の思いや、「今、きちんと注意しないと、大人になってから困るのは子ども本人なのだから…」という教師の使命感などが見え隠れします。あるいは、「自分が叶えることのできなかった夢を、子どもに叶えてほしい。そして、幸せに暮らしてほしい」といった保護者の希望が託される場合もあります。これらはいずれも、ある程度、親（あるいは教師）であれば当然の感情であり、子どもの幸せを願うからこそともいえます。

　一方で、忘れてはならないのが、「子どもの気持ちはどうなのか」という点です。あるいは、「子どもにとっての幸せは何か」という点です。子どもの視点に立つということ、そして、「あなたはどうしたいの？」と子どもに問いかけることが抜け落ちると、最も大切な子ども自身の思いが、置いていかれてしまいます。このように他者の視点に立って考えようとすることを「視点取得」[8]といいます。ただし、そもそも親が子どもを他者ととらえること自体が難しく、特に子どもが小さければ小さいほど、それは困難です。

　人は、この世に生まれるまで母親の胎内で過ごします。母親からすると、自分の身体の中に子どもがいるわけで、まさに一心同体です。この

---

8) Galinsky,A. D., Maddux,W. W.,Gilin,D.,& White,J. B.,Why it pays to get inside the head of your opponent: The differential effects of perspective taking and empathy in negotiations. Psychological Science, 19, p378-384, 2008.

状態がおよそ10か月もの間、続くのです。母親がわが子を、自分とは別個の存在であると認識することの難しさは、このような命の始まりにおける母子一体感も根底にあると感じます。母親にとって、子を産む時が最初の子別れ（分離）です[9]。

　出産後、子どもが少しずつ独り立ちしていくのを支えるのが子育てであるといえそうですが、子どもが小さければ小さいほど、子どもとの一体感は強く、子どものことをまるでわが事のように感じるでしょう。特に、母親によるエデュケーショナル・マルトリートメントを考える時、親と子は別の存在であるという認識をもつことの難しさに思いを巡らせることが、支援者には求められます。出産という身体的な子別れ（分離）の後、子どもは自分とは別個の存在であるという気づきを、母親が、子どもの発達段階に応じてくり返し体験することが、エデュケーショナル・マルトリートメントの予防やエデュケーショナル・マルトリートメントからの脱却を可能にします。

　このような母子分離のプロセスは、ある意味、子どもの成長の証でもあり、喜ぶべきことなのですが、エデュケーショナル・マルトリートメント的な要素の強い事例では、この分離に困難さを感じることがしばしばあります。支援者はこの点に十分留意し、子どもの自立を見守りながら、母親の葛藤や喪失感を共感的に理解することが重要です。ここでは、母親に焦点を当てて述べてきましたが、これまで出会ってきたエデュケーショナル・マルトリートメントの事例では、父親が子どもを自分とは別の人格をもつ一人の人として見ることに難しさを抱えていることもしばしばありました。また、教師がよかれと思って行っている指導や助言についても、子どもの側に立ってみると、それが適切ではないという場合もあります。相手側の視点に立つということは、関係が深くなればなるほど難しいことなのかもしれません。

[9] 根ヶ山光一・鈴木晶夫編著『子別れの心理学―新しい親子関係像の提唱』福村出版、1995年

そしてこのことは、子どもの側から見ても同様です。親や教師といった身近な大人が、「これが大事」「これが正しい」「これは、あなたの将来に必ず役に立つ」と言うのなら、子どもは、「きっとそうだろう」と思うでしょう。もちろん、言っている大人の側もそう信じて言っています。第3章でエデュケーショナル・マルトリートメントのリスク要因と改善要因をまとめましたが、その改善要因の1つとして、「子ども自身の成長」が挙げられています。ある程度、子どもの年齢が上がれば、子どもも自分で主体的に判断し、大人の要求に反対したり、Noと言ったりすることができるようになります[10]。

　しかし、年齢が低ければ低いほど、子どもが自分で判断することは難しく、周囲の大人に決められた生活スタイルのなかにすっぽり入りこみ、長時間にわたる勉強や練習などに明け暮れる毎日を過ごしている場合があります。もちろん、これ自体を全否定するという意味ではなく、このような生活を強いられた場合に、子どもによっては、深刻な自己疎外が引き起こされる場合があるのです[11]。

　特に、発達障害特性と、おとなしく従順なパーソナリティ傾向の2つが、子ども側が有するエデュケーショナル・マルトリートメントのリスク要因として挙げられています（p59-61参照）。つまり、争いを好まず、周囲の空気を読むことに長けている子どもや（第4章事例1）、大人の要求に応えるだけの力がある子どもこそ（事例3）、エデュケーショナル・マルトリートメント的な状況が発生しやすいため、「あなたはどうしたいの？」と、子どもに問いかけることがとても大切です。仮に、子どもから明確な答えがなかったとしても、子どもの思いや主体性を尊重することなく、保護者や教師など大人が思う「幸せ」の基準を設け、そこに向けて努力することを強いるのは、保護者や教師の安心材料には

10) 大西将史・廣澤愛子ほか「保護者による学業領域のエデュケーショナル・マルトリートメントの生起・維持に関与する要因と消失・改善に関与する要因の検討―福祉・医療・教育現場の専門家に対するインタビュー調査から得られた事例の質的分析（第2報）」『福井大学教育実践研究』48、p1-14、2024年
11) 文献10) に同じ、p7

なっても、子どもの幸せにはつながらない可能性があります。子どもが、日々、心穏やかに過ごし、自由にやりたいことを選択し、どこかのタイミングで、もしも好きなことが見つかったら、「自分で選択したことだから…」と努力を重ねていく。それを周囲の大人が支えることは、「子どものためを思う」行為になるといえるでしょう。はっきりとした反応を示さない子どもに対しては特に、大人はついレールを敷きたくなりますが、子どもをありのままに理解する姿勢と、環境を整えて子どもがのびのびと自由に「今」という時間を堪能し、主体的に何かを選び取るのを見守ることが、子どもの発達や成長に資するといえます。

## 2．子どもの発達特性

　子どもに何らかの発達的課題があることも、エデュケーショナル・マルトリートメントのリスク要因の１つになることが第３章で示されています。リスクになる理由としては、まず、保護者が、子どもに何らかの発達特性があることを憂慮し、将来、困らないようにと本人の状態像に合わない学習などを強いる場合があります。また、子どもの発達的課題に周囲の大人が気づかず、本人の状態像に合わない学習環境に子どもが置かれているという場合もあります。

　第４章の事例６は後者に当てはまり、子どもの発達的課題が明らかになった後、子どもの発達特性に合わせた助言・指導や環境調整が行われ、子どもの問題行動が激減しています。発達的課題とは、発達的な弱さに限定されるものではなく、ある種の発達的な特性すべてを意味し、学校などで、その発達特性に配慮したかかわりが必要であり、それが子どもの学級への適応の向上につながります。たとえば、自閉スペクトラム症（ASD）の人は感覚過敏や感覚鈍麻、感覚探求といった特徴を有するといわれています[12]。聴覚過敏ゆえに騒がしい場所で集中できなかっ

り、味覚過敏ゆえに偏食・少食だったり、一見、それが感覚過敏によるものであるとわからず、教師から強い指導を受け、それが不登校の原因の1つになる場合もあります。

　子どもの発達特性に応じた支援や調整を行うことを合理的配慮といいます。前述したことと矛盾するようですが、合理的配慮の必要性がある時には子どもから主体的な思いや考えが出てくるのをただ待つだけではなく、子どもの状態像に合った環境調整を周囲の大人が行い、そのうえで、子どもの主体性を尊重したかかわりをすることが大切です。感覚過敏などは、本人も気づかないまま学校で生きづらさを抱えていることもあるほど、気づかれにくいところがあります[13]。子どもが学校でうまく適応できない時に、周囲の大人が感覚過敏によるものである可能性に気づき、その子どもに合った生活環境・学習環境を構築していくことが、エデュケーショナル・マルトリートメントの回避につながります。

## 3．「私」を育む

　第4章の事例5にも見られたとおり、エデュケーショナル・マルトリートメント的な環境で育った人は、自分の思いや考えを信頼することが難しく、不全感を抱えがちです。「自分が何をしたいのか」がわからず、進路選択が難しかったり、「何のために生まれてきたのか」「どこから来て、どこへ行くのか」といった実存的な問いを強くもち続け、モラトリアムが長引いたりする場合もあります。一方、事例3のように、中学生の時に不登校になることによって、逆にその問いに深く向き合い、自分の思いや考えを確かめ、自分なりに一歩を踏み出すことができるケースもあります。

12) 高橋秀俊・神尾陽子「自閉スペクトラム症の感覚の特徴」『精神神経学雑誌』120(5)、p369-383、2018年
13) 岩永竜一郎『自閉症スペクトラムの子どもの感覚・運動の問題への対応法』東京書籍、2014年

他者からの求めに応じ、社会的に適切なふるまいをすることを外的適応、自分の内から沸き起こってくる思いや考えをうまくキャッチし、それに合わせて生きていくことを内的適応といいます。エデュケーショナル・マルトリートメントは、「外的適応が過剰であるがために内的適応が困難に陥っている状態」[14]、すなわち、過剰適応を引き起こします。保護者や教師、あるいは置かれた環境から求められる期待や価値観に基づいて生きているうちに、自分の欲求がわからなくなるのです。

　このように、本当の自分の気持ちや思いがわからなくなる状態のことを「自己疎外」[15]といいますが、事例2では、大きな病気に罹患したことを契機に、自分の思いを軸に、無理せず自分らしく生きていくことへとシフトしていきました。事例4でも、多様な価値観と出会い、学校に適切なサポート体制ができたおかげで、自分なりの思いを伝えることができるようになっていきました。さらに事例8は、大学の学生相談室が、本人の発達特性に合った環境を調整し、保護者と距離を置いて自らの思いを主張できるようサポートした結果、自立への一歩を踏み出しました。これらの事例からは、エデュケーショナル・マルトリートメント事例の支援では、「私」を取り戻すこと、あるいは「私」の育ち直しが求められることが読み取れます。本来、学習も習い事も、「私を育む」ためのものであるはずなのに、その逆のことが起こる場合があるというのは、とても皮肉です。子どもの主体性、子どもの権利を真ん中に据えた学びの実現が切に求められます。

---

14) 桑山久仁子「外界への過剰適応に関する一考察―欲求不満場面における感情表現の仕方を手がかりにして」『京都大学大学院教育学研究科紀要』49、p481-493、2003年
15) アスパー K.、老松克博訳『自己愛障害の臨床―見捨てられと自己疎外』創元社、2001年

## 4 大人がのびやかに生きられる社会をつくる

### 1．大人の協働性と価値観の広がり

　先に、子どもの個性を大切にした教育的環境を整えるには、子どもの側に立って考えることが重要であると述べました。では、保護者や教師など、子どもにとって身近な大人は、どうすれば子どもの側に立つことが可能になるのでしょうか。

　まず、子育てであれば、保護者が孤立せず、ママ友・パパ友、学校の先生や専門職、習い事の指導者など多様な大人にわが子とかかわってもらい、より客観的にわが子を理解していくことが大切です。次に、学校では、担任が一人で指導するのではなく、副担任や特別支援教育コーディネーター、管理職、養護教諭、スクールカウンセラー、スクールソーシャルワーカーなど多様な立場の人が子どもを見て、多角的に子どもを理解することです。そうすることで、子育てや教育において子どもへの理解が偏らず、子どものありのままを理解し、子どもの実態に合ったかかわりが実現します。同時に、子育てや仕事について周りの人に相談できることで、保護者や教師の視野も広がり、負担感も軽減されます。

　子育ても教師の仕事も、常に他者と支え合いながら行うという意識をもつだけでずいぶん状況が変わり、エデュケーショナル・マルトリートメントの予防・改善につながります。一方、学校や社会といった「環境」としては、子育てについて語り合う場や支え合うしくみをつくり（小さい子どもを育てる親を支える取り組みは多いですが、学齢期を越えた子どもをもつ親たちが集う場は意外と少ないです）、特に学校は、管理職が率先し、教師同士が協働し、専門性を深め合える組織をつくることが重要です。

## 2．習い事という場がもつ可能性

　くり返しになりますが、学齢期以上の子どもをもつ親たちが集い、互いの子育てを助け合う場や子育て講座のようなものは、意外に少ないように思います。一方、塾や予備校といった学校以外の学びの場やスポーツ・芸術などに関する習い事の場は多くあり、通っている子どももたくさんいます。塾などの学びの場は、受験という競争を勝ち抜くために、子どもたちに勉強するよう発破をかけることがありますし、保護者も、このような教育産業の言説にやや振り回され、子どもに対して過度に教育熱心になる場合もあります。しかし、見方を変えれば、子どもたちにとって塾などの習い事は、いわゆるサードプレイスとして、家庭や学校以外の寛げる居場所にもなり得ます。保護者にとってもまた、子どもの進路について相談したり、情報を得たりすることができ、安心して子どもを託すことのできる場所になる可能性があります。

　これまで出会ってきたエデュケーショナル・マルトリートメントの事例では、保護者が直接、子どもの勉強をみている場合もあり、そこで過度な叱責や時には暴力につながることもありました。塾などに子どもを託すことによって、保護者が直接、子どもの勉強をみる機会が減るだけでもエデュケーショナル・マルトリートメントの予防になり、また、塾の先生という第三者が介在することによって、保護者が過度に教育熱心になるのを防ぐことができます。

　一方、塾などの教育産業の場は、子どもの数が多く、子どもたちが熾烈な競争下に置かれていた時代の名残りがあるのか、学習環境を過度に管理し、大量の宿題や長時間にわたる学習時間を求める場合もあります。また、保護者の不安を増幅させるような助言を行い、保護者が子どもにプレッシャーを与えるようになり、ひどい場合には、エデュケーショナル・マルトリートメント的な状況につながる場合もあります。

塾や予備校とは異なりますが、スポーツ少年団の指導者の7割以上が暴力や暴言などの体罰を行っていたという調査報告[16]や、指導者と保護者がともに子どもを追いつめる場合もあることが報告されています[17]。もちろん、このようなケースばかりではなく、子どもたちがのびのびとスポーツを楽しみ、保護者もそれを応援しているスポーツクラブもたくさんあります。いずれにせよ、塾やスポーツクラブといった習い事は、エデュケーショナル・マルトリートメント的な状況を緩和することにも促進することにもつながる場所であり、習い事の指導者はとても重要な役割を担う存在であると考えられます。

　少子化が進む現在においては、塾や予備校が、かつてのように、子どもが受験戦争を生き抜くのを支えることばかりに力点を置くのではなく、保護者でも学校の教師でもない第三者の立場で、子どもの進路選択をていねいにサポートし、子どもの自立と親の子離れを見守ることにも力を入れるほうが理に適うように思います。実際、すでにそのような方向へと舵が取られつつあるようにも感じます。塾に限らず多様な習い事の指導者に、保護者や学校の教師と協働しながら次世代の子どもたちを育む役割を、より一層積極的に担ってもらえたら、エデュケーショナル・マルトリートメントの予防・改善が加速度的に進むのではないでしょうか。

---

16) 上野耕平「スポーツ少年団における体罰に関する探索的研究―不正のトライアングルに基づく考察」『香川大学教育学部研究報告』2、p103-112、2020年
17) 島沢優子『スポーツ毒親―暴力・性虐待になぜわが子を差し出すのか』文藝春秋、2022年

# 5 社会全体で子育てをする

## 1．エデュケーショナル・マルトリートメントへの認識を深める

　メディアを賑わすようなセンセーショナルなエデュケーショナル・マルトリートメントの事例は、あえて「エデュケーショナル・マルトリートメント」という概念を用いなくても、従来の身体的虐待や心理的虐待といった概念で十分説明がつくと感じます。しかし、エデュケーショナル・マルトリートメントの事例のなかには、メディアを賑わすような激烈な暴力や過度な叱責はないものの、保護者や教師がよかれと思って行っている教育的支援が子どもの思いや考えを置き去りにしており、子どもの主体性が損なわれ、後に深刻な「自己疎外」[18]を引き起こしている場合があります。

　エデュケーショナル・マルトリートメントという視点でとらえることの有用性は、どの家庭や学校でも起こり得る「自己疎外」の問題に注意を向けることができる、という点にあると考えられます。つまり、エデュケーショナル・マルトリートメントとは、私たちの誰もがわが事としてとらえる必要があるといえます。まずは私たち一人ひとりがエデュケーショナル・マルトリートメントについて認識を深め、各家庭や各教室のなかで、「子どもの主体性を尊重した学びや教育が実現しているか」という観点で子育てや教育をとらえていく姿勢をもつことが、始めの一歩になるといえそうです。

18）文献15）に同じ

## 2．競争から協働へ

　第4章の事例1のAさんは、中学受験のために通う塾の友だちについて、「友だちだけどライバル」と言い、孤独を深めていました。もちろん、どんな状況であっても、友だちが支えになる場合もあるとは思いますが、事例1でも触れたとおり、過度な競争は他者とのつながりや協働を阻み、孤独を生みます。中学受験をはじめ、受験というシステムは、強力な競争原理のもとに成り立っています。子どもの数が多かった時代は、そのようなシステムが必要不可欠だったと推測されます。しかし、現在は少子化がずいぶんと進んでいます。また、そもそも学習とは、他者と競い合って行うものなのでしょうか。

　近年、学校現場で浸透しつつある探究学習は、正解が1つとは限らない未知の問題について、互いに協働（共同）し、試行錯誤しながら、答えを探そうとするものです。社会に出てから求められるのは、このような「他者と協力しながら未知の問題を解決していく力」ではないでしょうか。これだけ少子高齢化が進む現代社会において、本質的に求められるのは、競争ではなく協働であり、一人では成し遂げられないことを協働によって成し遂げる力こそが必要とされるでしょう。受験や教育産業も、このような探究学習の重要性を認識し、受験システムなどにも変化が生じつつありますが、今のところ過度な競争原理は維持されたままです。これからの受験システムや教育産業のあり方を考える時、いかに、この「協働性」の価値と必要性を認め、取り込むことができるのかが重要であり、それが、エデュケーショナル・マルトリートメントの予防という点においてもポイントになると推測されます。

　前述のとおり、塾などの教育産業を始め、習い事の指導者は、保護者でも学校の教師でもない第三者の立場で、子どもの進路選択と自立をサポートし、エデュケーショナル・マルトリートメント的な状況を回避す

る重要な役割を担っています。つまり、保護者、学校の教師、習い事の指導者といった大人たちもまた、「協働」しながら、次世代の子どもたちを育てる姿勢が求められています。

## 3．子育てを支え合うしくみ

本書で述べてきたことをふまえると、エデュケーショナル・マルトリートメントの予防・改善のためには、①子どもの主体性を中核に据えて、「今」この瞬間に子どもが求めていることに即応した学びを実現すること、②すべての大人は、子育てや教育を孤立した状態で行うのではなく、他者とともに協働的に行う意識をもつこと、③それが実現する集

図5-1 社会全体で子育てを支え合うしくみ

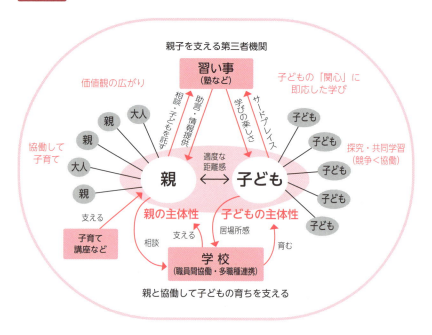

団や組織をつくり、多様な価値観が共存する環境を整えること、の3つが要になると考えられます。どれもやや抽象的ですが、それを図示したのが図5-1です。親子の関係を中心に据えて、その親子を取り巻く環境として、「学校」「習い事」「親（大人）同士の協働性」「子ども同士の協働性」「探究・共同学習」などを描写しました。親子が適度な距離感でつながり合いながら、それぞれに主体性を有する関係性からは、エデュケーショナル・マルトリートメント的な状況は生まれにくいと推測されます。したがって、そのような関係性が現実化した環境・社会をつくっていくことが、エデュケーショナル・マルトリートメントの予防には重要といえます。

# 参考文献

### 第1章

齊藤彩『母という呪縛 娘という牢獄』講談社、2020年

### 第2章

小塩真司ほか「自尊感情平均値に及ぼす年齢と調査年の影響：Rosenbergの自尊感情尺度日本語版のメタ分析」『教育心理学研究』62、p273-282、2014年
文部科学省「令和4年度　児童生徒の問題行動・不登校等生徒指導上の諸課題に関する調査結果について」2023年
厚生労働省「平成24年〜令和4年　人口動態統計」2012〜2023年
厚生労働省「令和4年版・令和5年版　自殺対策白書」2022・2023年
本田由紀『もじれる社会―戦後日本型循環モデルを超えて』筑摩書房、2014年
本田由紀『社会を結びなおす―教育・仕事・家族の連携へ』岩波書店、2014年
本田由紀『教育は何を評価してきたのか』岩波書店、2020年
国立教育政策研究所「OECD 生徒の学習到達度調査〜2015年調査補足資料〜 生徒の科学に対する態度・理科の学習環境」2016年
国立教育政策研究所「PISA2015年調査国際結果報告書 生徒のwell-being（生徒の「健やかさ・幸福度」）」2017年
日本社会教育学会編『社会的排除と社会教育』東洋館出版社、2006年
文部科学省「令和5年度学校基本調査」2023年
中村高康『暴走する能力主義―教育と現代社会の病理』筑摩書房、2018年
武田信子『やりすぎ教育―商品化する子どもたち』ポプラ社、2021年
武田信子「『社会的親』を育てる社会教育」『月刊社会教育』67(6)、旬報社、2023年
ローナ・ウイング、久保紘章ほか監訳『自閉スペクトル―親と専門家のためのガイドブック』東京書籍、1998年
文部科学省「教員の特別支援教育に関する専門性の現状と課題について」2010年

### 第3章

大西将史・廣澤愛子ほか「保護者による学業領域のエデュケーショナル・マルトリートメントの生起・維持に関与する要因と消失・改善に関与する要因の検討―福祉・医療・教育現場の専門家に対するインタビュー調査から得られた事例の質的分析（第2報）」『福井大学教育実践研究』48、p1-14、2024年

### 第4章

キャロル・グレイ、門眞一郎訳『コミック会話―自閉症など発達障害のある子どものためのコミュニケーション支援法』明石書店、2005年

## 第5章

アスパー K.、老松克博訳『自己愛障害の臨床―見捨てられと自己疎外』創元社、2001年
Galinsky,A. D., Maddux,W. W.,Gilin,D.,& White,J. B. ,Why it pays to get inside the head of your opponent: The differential effects of perspective taking and empathy in negotiations. Psychological Science, 19, p378-384, 2008.
岩永竜一郎『自閉症スペクトラムの子どもへの感覚・運動の問題への対処法』東京書籍、2014年
桑山久仁子「外界への過剰適応に関する一考察―欲求不満場面における感情表現の仕方を手がかりにして」『京都大学大学院教育学研究科紀要』49、p481-493、2003年
根ヶ山光一・鈴木晶夫編著『子別れの心理学―新しい親子関係像の提唱』福村出版、1995年
大西将史・大西薫「エデュケーショナル・マルトリートメントに関する研究の概観―概念の定義に焦点を当てた検討」『福井大学教育実践研究』46、p85-97、2022年
大西将史・廣澤愛子ほか「保護者による学業領域のエデュケーショナル・マルトリートメントの生起・維持に関与する要因と消失・改善に関与する要因の検討―福祉・医療・教育現場の専門家に対するインタビュー調査から得られた事例の質的分析（第2報）」『福井大学教育実践研究』48、p1-14、2024年
島沢優子『スポーツ毒親―暴力・性虐待になぜわが子を差し出すのか』文藝春秋、2022年
高橋秀俊・神尾陽子「自閉スペクトラム症の感覚の特徴」『精神神経学雑誌』120(5)、p369-383、2018年
上野耕平「スポーツ少年団における体罰に関する探索的研究―不正のトライアングルに基づく考察」『香川大学教育学部研究報告』2、p103-112、2020年

## あとがき

　本書では、エデュケーショナル・マルトリートメントについて、さまざまな観点から論じてきましたが、エデュケーショナル・マルトリートメントの本質は、保護者や教師などの大人が子どものためになると信じて善意から発する行為が、かえって子どもの主体性を損なう場合がある、という点にあります。

　エデュケーショナル・マルトリートメント的な環境にいる子どもたちは、心の内側から「こうしたい」と思うシンプルな欲求や、「これはどうなっているんだろう？」という素朴な疑問が生じる前に、「やるべきこと」で埋め尽くされた日々を過ごしています。そのような環境に長くいると、「自分は何が好きで、何をしたいのか」「どうなりたいのか」すらわからなくなり、主体性も生きる意欲もなくなってしまうことがあります。他者の気持ちや周囲の期待に敏感な子どもは特に、いつのまにか「自分の思い」ではなく、周囲の大人の期待や願望を自分の欲求と勘違いしてしまい、大人の期待どおりに生きようとすることさえあります。

　もちろん、大人になってから自分の思いを再確認し、「私」を育み直して人生を謳歌することもできると思いますが、できればそのような遠回りをせずに、子どもの時に、自分の思いや考えに導かれながら日々を過ごし、主体性と意欲を備えた「私」を育んでほしいと考えています。

　幸福感に関するある研究では、健康、人間関係に続いて自己決定が、収入や学歴よりも幸福感の決定要因として強い影響があることが示されています（Nishimura & Yagi、2019）。少なくともこの研究からは、私たち大人が、子どもの幸せを心から願うのであれば、子どもたちが健康で、他者とよい人間関係を築き、自分の歩む道を自分で決めていけるような自己決定力を身につけることができるよう、教育や学習の場面においても主体性や協働性を育んでいくことが、学力そのものを育むことよ

りも重要といえそうです。

　本書は、真に子どもの幸せを考えた時に、「本当に大切なもの」「本当に有効なこと」、そして「そのために大人ができることは何か」を、今一度、私たち自身が考えるために執筆・編集されました。本書が読者の皆様にとって、この大きなテーマについて考える、小さいけれども確かなきっかけになれば、とてもうれしく思います。

　最後になりましたが、本書の執筆を進めるにあたり、中央法規出版の須貝牧子さんには、ひとかたならぬご支援をいただきました。私たちの思いを汲み取りながら、本書の構成から原稿のチェックまで、惜しみなく力を貸してくださいました。須貝さんとの出会いがなければ、この本が日の目を見ることはなかったと思います。心より、深く感謝申し上げます。

廣澤愛子

## 執筆者一覧

### 編者（50音順）

**大西将史**（おおにし・まさふみ）
　福井大学学術研究院教育・人文社会系部門教員養成領域准教授

**廣澤愛子**（ひろさわ・あいこ）
　福井大学学術研究院教育・人文社会系部門教員養成領域教授

### 執筆者・執筆分担（50音順）

**新井豊吉**（あらい・とよきち）… 第2章5、第4章事例7
　東京家政大学子ども支援学部特任教授

**上原幸司**（うえはら・こうじ）… 第4章事例6
　兵庫県公立学校教員

**大西　薫**（おおにし・かおる）… 第2章2
　岐阜聖徳学園大学短期大学部准教授

**大西将史**（おおにし・まさふみ）… はじめに、第2章1・3、第3章、第5章2
　前掲

**金澤ますみ**（かなざわ・ますみ）… 第4章事例4、第5章1
　桃山学院大学社会学部准教授

**岸　俊行**（きし・としゆき）… 第1章
　福井大学学術研究院教育・人文社会系部門教員養成領域教授

**杉山晋平**（すぎやま・しんぺい）… 第2章4
　天理大学人文学部准教授

**内藤真由美**（ないとう・まゆみ）… 第4章事例2
　福井県立学校派遣スクールカウンセラー／元特別支援学校教諭

**中島俊思**（なかじま・しゅんじ）… 第4章事例8
　佐賀大学大学院学校教育学研究科准教授／ウェルビーイング創造センター学修支援部門

**廣澤愛子**（ひろさわ・あいこ）… 第4章事例1・3、第5章3〜5、あとがき
　前掲

**望月直人**（もちづき・なおと）… 第4章事例5
　大阪大学キャンパスライフ健康支援・相談センター准教授

プロジェクトの成果を発信中！
エデュケーショナル・マルトリートメント研究プロジェクト
ホームページ　https://em.ed0.jp/

## エデュケーショナル・マルトリートメントの理解と対応
### 教師と支援者が「教育虐待」を防ぐためにできること

2024年9月30日　発行

| | |
|---|---|
| 編 著 者 | 大西将史・廣澤愛子 |
| 発 行 者 | 荘村明彦 |
| 発 行 所 | 中央法規出版株式会社 |
| | 〒110-0016　東京都台東区台東3-29-1　中央法規ビル |
| | TEL 03-6387-3196 |
| | https://www.chuohoki.co.jp/ |

| | |
|---|---|
| 印刷・製本 | 株式会社ルナテック |
| 本文・装丁デザイン | 澤田かおり（トシキ・ファーブル） |
| イラスト | あべまれこ |

定価はカバーに表示してあります。
ISBN978-4-8243-0125-3

本書のコピー、スキャン、デジタル化等の無断複製は、著作権法上での例外を除き禁じられています。また、本書を代行業者等の第三者に依頼してコピー、スキャン、デジタル化することは、たとえ個人や家庭内での利用であっても著作権法違反です。
落丁本・乱丁本はお取り替えいたします。
本書の内容に関するご質問については、下記URLから「お問い合わせフォーム」にご入力いただきますようお願いいたします。
https://www.chuohoki.co.jp/contact/